말씀,
그리고
사색과 결단
2

●
믿음이란 한 알의 밀알이 땅에 떨어져 죽음으로 많은 열매를 맺음과 같이
진리의 열매를 위하여 스스로 죽는 것을 뜻합니다. 눈으로 볼 수는 없으나
영원히 살아 있는 진리와 목숨을 맞바꾸는 자들을 우리는 믿는 이라고 부릅니다.
「믿음의 글들」은 평생, 혹은 가장 귀한 순간에 진리를 위하여 죽거나 죽기를 결단하는
참 믿는 이들의, 참 믿는 이들을 위한, 참 믿음의 글들입니다.

말씀, 그리고 사색과 결단 2

이재철

새로운 삶, 성숙한 삶, 소명의 삶에 대하여

홍성사

일러두기

_ 이 책은 2019년 10월 11일부터 13일까지 이어진 시애틀형제교회 특별집회에서 전한 말씀을 옮긴 것이다.

_ '머리말을 대신하여'는 본문에서 편집자가 발췌하였다.

머리말을 대신하여

내가 주님을 믿으면서 새로운 삶을 살지 못한다면 그 이유는 무엇입니까? 예전에 처음 주님을 영접했을 때는 감격해서 새로운 삶을 살았는데 어느 순간 내가 예전의 삶으로 회귀해서 아무런 감격도 없다면 그 말은 무엇입니까? …… 우리가 언제 하나님의 자리에 앉았는지 우리 지난 인생의 전 여정을 면밀하게 들여다보고 하나님을 향해 돌아서십시다. 하나님을 하나님으로 모십시다. 하나님을 내 인생의 과녁판으로 이제 변함없이 삼으십시다. 차단되었던 그분의 아가펜 프로텐(편집자 주: 궁극의 사랑)이 그때부터 다시 내게 임하게 될 것이고 그 아가펜 프로텐을 힘입어 우리는 전혀 새로운 삶을 살게 될 것입니다.

차례

3. 소명의 삶에 대해

에베소 교회의 사자에게 편지하라 오른손에 있는 일곱 별을 붙잡고 일곱 금 촛대 사이를 거니시는 이가 이르시되 내가 네 행위와 수고와 네 인내를 알고 또 악한 자들을 용납하지 아니한 것과 자칭 사도라 하되 아닌 자들을 시험하여 그의 거짓된 것을 네가 드러낸 것과 또 네가 참고 내 이름을 위하여 견디고 게으르지 아니한 것을 아노라 그러나 너를 책망할 것이 있나니 너의 처음 사랑을 버렸느니라 그러므로 어디서 떨어졌는지를 생각하고 회개하여 처음 행위를 가지라 만일 그리하지 아니하고 회개하지 아니하면 내가 네게 가서 네 촛대를 그 자리에서 옮기리라(계 2:1-5)

1

새로운 삶에 대해

먼저 여러분께 세 가지 질문을 올려 드리겠습니다. 첫 번째 질문입니다. 여러분은 왜 교회에 다니십니까? 여러분이 교회에 다니시는 궁극적인 목적이 지금 현재 무엇입니까? 오래전에 남가주에 있는 한 대형 교회가 특별새벽기도회를 개최하면서 대형 플래카드를 내세웠는데 그 플래카드에 쓰여진 특별새벽기도회의 슬로건 내용이 이러했습니다.

- 부모의 새벽기도 자녀의 평생축복
- 자녀의 새벽기도 부모의 노후대책
- 아내의 새벽기도 남편의 영적성공

운율까지도 딱딱 맞췄습니다. 여러분이 교회 다니시는 궁극적인 목적이 이런 데에 있습니까? 예수 그리스도께서 여러분 자녀들의 평생 축복과 부모의 노후 대책을 위해서 십자가에서 돌아가셨습니까? 교회 다니는 목적이 이런 것이라면 무당의 굿당을 찾는 것과 불교 사찰을 찾는 것과 다를 바가 있겠습니까? 그렇다면 굳이 우리가 교회에 다녀야 할 이유는 없지 않겠습니까? 경우에 따라서는 무당 굿당도 가고 불교 사찰을 가도 아무런 차이가 없지 않겠습니까?

두 번째 질문입니다. 여러분에게 믿음은 무엇입니까? 주일이 되면 교회에 나가고, 예배 시간에 헌금 내고, 돌아가면서 봉사에 참여하는 것이 여러분의 믿음입니까? 그것도 참 귀한 일입니다. 그러나 믿음의 참됨 여부는 종교 행위에 의해서 판가름나는 것이 아니라 그 사람이 믿는 믿음의 대상에 의해서 판가름납니다.

무당을 찾아가서 굿을 하는 사람 보십시오. 용한 무당을 찾아가서 굿 한 번 하면 수천만 원이 든다고 합니다. 교회에 다니면서 수천만 원씩 헌금하는 사람 드물지 않습니까? 굿하는 동안에 무당들 뒤에 서서 손을 비비면서 기도하는 모습 보십시오. 하얀 한복을 입고 밥도 먹지 않고 밤을 새워서 손을 비비면서 기도합니다. 그 종교 행위 자체는 우리보다 훨씬 진지하고 열성적입니다. 그런데도 우리는 그들을 가리켜서 믿음을 가진 사람이라고 말하지 않고 미신을 가진 사람이라고 말을 합니다. 왜 그렇습니까? 그들의 믿음의 대상이 고작 죽은 돼지 머리나 좋아하는 잡신에 지나지 않기 때문입니다. 우리 믿음의 참됨 여부는 우리 믿음의 대상에 의해 판가름됩니다. 그러므로 내가 내 믿음의 대상을 잘못 알거나 내 믿음의 대상을 잘못 선택한다면 내 믿음의 행위가 아무리 열성적이라도 그 믿음이 참된 믿음, 성경적인 믿음이 될 수는 없는 것입니다.

세 번째, 마지막 질문입니다. 예수 그리스도의 길을 좇는다는 것은 이전과는 확연히 구별되는 새로운 삶을 사는 것을 뜻합니다. 예수를 믿는다는 것은 생각과 마음과 뜻이 달라지고 결과적으로 그 삶이 새로워지는 것입니다. 그런 의미에서 여러분은 주님을 영접하기 이전에 비해서 얼마나 삶이 새로워졌습니까? 만약 새로워지고 있지 못하다면 그 이유가 무엇이겠습니까? 또는 내가 주님을 영접하고 기쁨에 겨워서 새로운 삶을 살고 새로운 삶의 감격을 누구 못지않게 깊이 누렸는데 어느새인가 내 삶이 옛날의 삶으로 회귀하고 있다면 그 이유는 또 무엇이겠습니까?

교회, 믿음, 새로운 삶

오늘 이 세 가지 질문을 토대로 본문을 함께 생각해 보겠습니다. 본문 1절 말씀입니다.

—— 에베소 교회의 사자에게 편지하라 오른손에 있는 일곱 별을 붙잡고 일곱 금 촛대 사이를 거니시는 이가 이르시되(계 2:1)

여기에서 일곱 금 촛대는 지금 터키 대륙 중부 지역을 일컫는, 2,000년 전 이름으로 소위 아시아에 있던 일곱 교회를 일곱 금 촛대라고 했습니다. 그리고 일곱 별은 그 한 교회, 한 교회를 지키는 사자, 요한계시록 1장 20절에 의하면 그 각 교회를 지키는 앙겔로스(ἄγγελος), 우리말로 굳이 번역하자면 천사, 사자가 되겠습니다. 그 사자들을 일컫는 말입니다. 그러니까 주님께서는 아시아에 있는 일곱 별을 당신의 장중에 붙잡고 계실 뿐만 아니라, 이 땅에 세워진 교회를 그냥 내팽개치지 않고 그 교회를 거니시면서 보고 계시는 분이시라는 것입니다. 그런데 지금 이 본문은 그 일곱 교회 가운데 에베소 교회에 보내는 본문입니다. 중요한 사실은 주님께서 당신의 교회를 촛대라고 표현하셨습니다. 당신의 교회는 빛의 통로가 되어야 하기 때문입니다. 여러분, 빛의 통로인 교회가 얼마나 주님 보시기에 중요하고 아름다우면 그냥 촛대가 아니라 금 촛대라고 말씀하셨습니다. 교회의 힘은 예배당의 크기나 헌금의 액수로 결정되지 않습니다. 교회의 힘은 얼마나 진리의 빛을 발하는가에 있습니다. 그것은 세상과 구별된 거룩에서만 나옵니다. 그때 교회는 금 촛대가 되는 것입니다.

우리는 교회를 이루고 있는 그리스도인으로서, 내가 몸담고 있는 교회가 촛대인가 금 촛대인가 늘 질문해야 합니다. 지금 이 내용은 아시아 일곱 교회 가운데 에베소 교회 교인들에게 보내는 편지라고 했습니다. 당시 에베소는 로마제국 수도인 로마, 알렉산드리아, 안디옥과 더불어 로마제국 4대 도시였습니다. 동양과 서양을 잇는 교통의 요충지일 뿐만 아니라 상업, 문화, 경제 중심지입니다. 게다가 고대 사회 7대 불가사의 중 하나인 아데미 신전이 있었습니다. 동서 각지에서 매일 아데미 신전을 참배

하는 사람들이 모여들었습니다. 그 참배객들에게 기념품을 만들어서 판매하는 사람들 가게가 있습니다. 그 사람들에게 밥을 파는 식당이 있습니다. 그 사람들 잠재워 주는 숙박업체가 있습니다. 그러니까 거의 에베소 시민들 전부가 직접, 간접적으로 아데미 신전으로 먹고산다 해도 과언이 아닐 정도로 아데미 신전은 에베소 시민들의 풍요로움에 큰 역할을 차지했습니다.

게다가 아데미 신전에 있는 여사제 1,500명은 합법적인 종교 매춘부들이었습니다. 그러니까 에베소는 돈과 유흥과 쾌락이 넘쳐나는 도시인데, 더욱이 에베소 한가운데에는 황제를 신으로 모시는 황제의 신전이 있습니다. 로마 황제는 살아 있는 신이었습니다. 인간의 경배를 받습니다. 그러니까 아데미 신전과 로마 황제의 신전이 인간을 압도하고 돈과 쾌락과 유흥이 난무하는 에베소에서 황제와 우상의 길이 아니라 예수의 길을 좇는 그리스도인은 얼마나 숭고한 사람들입니까? 그 숭고한 사람들에게 주님께서 2절, 3절을 통해 이렇게 말씀하십니다.

—— **내가 네 행위와 수고와 네 인내를 알고**(계 2:2상)

'알고'에 주목합시다.

—— **또 악한 자들을 용납하지 아니한 것과 자칭 사도라 하되 아닌 자**

들을 시험하여 그의 거짓된 것을 네가 드러낸 것과 또 네가 참고 내 이름을 위하여 견디고 게으르지 아니한 것을 아노라(계 2:2하-3)

'안다'는 동사가 두 번 나왔습니다. 우리말 성경에는 우리말 어순상 '안다'는 동사가 중간에 그리고 뒤에 나옵니다. 헬라어 원전상으로는 '안다'는 동사가 제일 먼저 나옵니다. '내가 안다.' 누구입니까? 주님께서 아신다는 것입니다. 이 안다는 동사가 헬라말로 '에이도'(εἴδω)라고 기록이 되어 있습니다. 에이도는 'to see', 본다는 말입니다. '내가 본다.' 여러분, 주님께서 오늘도 내가 무엇을 하든 나의 일거수일투족을 다 보고 계시고 알고 계신다는 것만 잊지 않으시면 여러분들은 평생 성숙한 그리스도인으로 살 수 있습니다. 사람들이 이걸 잊어버립니다. 그분은 시공을 초월하십니다. 오늘도 우리 일거수일투족 다 보셨습니다. 주님께서 에베소 교회 교인들을 다 보시고 알고 계십니다. 무엇을 아십니까?

에베소 교회를 아시는 주님

첫째로, 그들의 행위를 아십니다. 헬라말로 '에르곤'(ἔργον)이라고 기록되어 있습니다. 이 에르곤이라는 말은 개별적 행동을

15

의미하는 것이 아니라 전반적인 삶 전체를 말합니다. 황제의 길과 우상의 길을 좇지 않고 그 어려움 속에서도 생명과 진리의 길을 좇은 에베소 교회 교인들의 삶 전체, 그 전반을 내가 다 보고 알고 있다는 말입니다.

두 번째로, 수고를 아십니다. '코포스'(κόπος), 즉 수고는 손과 발이 동원된 노동을 통한 수고를 의미합니다. 우리가 조금만 무얼 해도 '수고했다', 이렇게 얘기하지 않습니까? 손과 발이 동원된 노동이 아니고는 코포스가 아닙니다. 주님께서 갈릴리 해변을 거니시다가 베드로와 안드레 형제를 보시고 '얘들아, 나를 따라오라. 내가 너희들을 사람을 낚는 어부가 되게 하겠다' 하셨다고 마태복음 4장 19절에 기록이 되어 있습니다. 사람을 낚는 어부가 되게 하겠다는 것은 너희들을 이제부터 전도자 삼겠다, 제자 삼겠다, 사도의 삶을 살게 해주겠다, 이 말 아닙니까? 그런데 그 전도자, 사도, 당신의 제자를 주님께서 사람을 낚는 어부라고 표현하셨는데 그것은 명백한 오역입니다. 헬라어 원문상 주님께서 그렇게 말씀하시지 않았습니다. 누가 무엇을 낚든지 무언가를 낚는 사람은 자기의 유익을 위함입니다.

여러분, 전도자가, 목사가, 예수의 제자가 사람을 낚는 사람이 되면 그것은 자기 유익을 위해서 낚는 것입니다. 교인이 많아지면 내가 유익을 보는 것입니다. 내가 전도 많이 하면 내가 뭔가 덕을 보는 것입니다. 그 사람이 사람을 낚는 사람입니다. 주님께서는 그렇게 말씀하시지 않았습니다. 헬라어 원문에는 '낚는'이라는 형용사가 없습니다. 주님께서는 '할리에이스 안드로폰'(ἁλιεῖς ἀνθρώπων)이라고 얘기하셨습니다. 내가 너희들을 '사람의 어부로 만들 거야' 이렇게 말씀하셨습니다. 사람을 낚는 어부는 자기 유익을 위해서 사람을 낚지만, 사람의 어부는 그 사람의 유익을 위해서 어부가 되는 것입니다. 여러분, 철학은 머리로 할 수 있습니다. 설교는 입으로 공기를 진동시켜서 할 수 있습니다. 어부는 머리끝부터 발끝까지 전신의 세포를 움직이지 않으면 그물을 끌어올릴 수 없습니다. '내가 지금 너희들을 전도자로 만드는데 지금부터 너희들은 사람의 어부가 되어야 돼. 지금부터 너희들은 머리끝부터 발끝까지 사람들을 위해서 너희들의 세포를 다 사용하는 사람들이 되어야 해.' 그게 전도자이고 그리스도인입니다. 그 수고를 에베소 교인들이 했고, 주님께서 그걸 다 보셨다는 것입니다. 말로 하는지, 앞에서만 하는지 아니면 누가 보든 보지 않든 사람의 어부로 자기의 전신을, 손과 발을 사람 섬기는 도구로 쓰는지 주님께서 다 보셨다는 것입니다.

세 번째, 너희 인내를 보셨다는 것입니다. 인내라고 하는 것은 무엇의 아래를 뜻하는 전치사 '휘포'(ὑπο)와 머문다는 뜻의 '모네'(μονή)가 합쳐진 합성어입니다. 인내는 어디어디 아래에 머무는 것입니다. 여러분, 그리스도인들은 하나님의 언약의 말씀을 믿는 사람들 아닙니까? 그런데 하나님의 언약은 성취되기까지 반드시 인간의 인내가 필요합니다. 왜냐하면 하나님의 약속, 하나님의 언약은 현찰이 아닙니다. 하나님께서 우리에게 언약을 현찰로 주시면 그건 거래입니다. 내가 필요할 때 하나님께 기도하고 현찰 받아가면 됩니다. 하나님의 모든 언약은 약속어음입니다. 그 언약은 그 약속어음이 떨어지는 기일이 있습니다. 그 기일은 내가 정하는 것 아닙니다. 하나님이 정하시는 것입니다. 그 약속어음이 떨어지는 기일이 도래할 때까지 나는 인내해야 합니다. 그게 믿음입니다. 그 인내하는 동안에 나의 몸에 배어 있는 불필요한 근육은 없어지고 진리의 근육이 붙고, 생명의 호흡이 깊어지고 믿음의 사람으로 변모되어 가는 것입니다.

그러면 어떻게 인내합니까? 우리는 언약을 믿는 사람들이기 때문에 언약이 성취되기까지 말씀 밑에 거하면 그 말씀이 나를 끌어가는 것입니다. 나를 견인해 가는 것입니다. 그 말씀이 나를 가다듬어 주고 빚어 주시는 것입니다. 그래서 인내하는 것입니다. '에베소 교회, 너희들이 언약의 성취가 될 때까지 말씀 아래에서 인내하고 믿음의 깊이를 더해가는 것을 내가 보았다.' 주님께서 말씀하시는 것입니다.

네 번째로, 악한 자들을 용납하지 않은 것을 주님께서 보셨다는 것입니다. 우리 성경이 악한 자들이라 할 때 '자'는 '사람 자' 자 아닙니까? 그러니까 악한 사람을 용납하지 않았다는 것처럼 되어 있습니다. 살인하거나 강도 짓하는 사람을 용납하지 않왔다고 이해하기가 쉬운데 헬라어 원문에 적혀 있는 '카코스' (κακός)는 사람만을 의미하는 것이 아니라 악한 것 모두를 통칭하는 단어입니다. 그러니까 에베소 교회 그리스도인들은 거짓이든 불의든 모함이든 사기든 악한 것이라고 하면 그 어떤 형태든지 벗하지 않았다는 것입니다. 그걸 내가 보고 안다는 것입니다.

—— 자칭 사도라 하되 아닌 자들을 시험하여 그의 거짓된 것을 네가 드러낸 것과(계 2:2)

다섯째, 그걸 또 주님께서 보고 아셨다는 것입니다. 여러분, 귀담아들어야 됩니다. 2,000년 전에 가짜 선지자들이 있었습니다. 가짜 교사들이 있었습니다. 가짜 사도들이 있었습니다. 그들이 가짜 복음을 전하면서 자기 주머니를 불렸습니다. 요즘도 이런 일이 많지 않습니까? 그런데 옛날이나 지금이나 그런 가짜 복음, 가짜 설교자, 가짜 목사, 가짜 사도에게 빠지는 사람들에게는 두 가지 공통점이 있습니다. 첫째가 욕망이고, 둘째가 무지입니다. 가짜일수록 인간의 욕망을 부추깁니다. 자기 말만 들으면 내가 욕망하는 것이 어떻게든 이루어질 것처럼 욕망을 부추깁니다. 욕망에 사로잡힌 만큼 말씀에 대해서 무지합니다. 말씀에 대해서 자립하려 하지 않습니다. 그러니까 말씀에 대한 분별력이 없는 것입니다. 그런데 2,000년 전에 가짜 선지자들이 이 교회

저 교회 다니면서 가짜 복음을 퍼뜨리고 귀에 듣기 좋은 사탕발림을 하면서 자기 주머니를 불리는데 에베소 교인들은 하나님의 말씀으로 무장해서 저 사람들이 가짜를 전한다는 것을 분별해 내었다는 것입니다. 얼마나 위대한 교인들입니까? 그런 교인들이 있으면 이단이나 가짜가 발붙일 곳이 있겠습니까? 주님께서 그것을 보고 아신다는 것입니다.

여섯 번째로, '너희들이 참은 것을 내가 안다'입니다. 여기에 사용된 동사는 '감수하다'는 의미의 '바스타조'(βαστάζω)입니다. 우리가 예수를 믿으며 살아가다 보면 맞지 않아도 될 비바람을 맞을 때가 허다합니다. 에베소 교인들은 바른 믿음을 지키려 세상의 온갖 비바람, 풍상, 시련을 기꺼이 감수했고, 주님께서는 그것을 다 보고 아신다는 것입니다.

일곱 번째로, '내 이름을 위하여 견딘 것 내가 안다'입니다. 우리말 '위하여'라고 번역되었는데 헬라어에 '디아'라고 기록되어 있습니다. 이 '디아'(διά)는 무엇무엇을 '통하여'라는 뜻의 전치사인데 '위하여'라는 뜻도 되지만 '때문에'입니다. '예수 이름 때문에 견뎠다'는 말입니다. '견뎠다'는 단어는 '인내'의 의미로 앞서 등장했던 '휘포모네'입니다. 예수의 이름을 위하여 인내하는 것이 얼마나 중요한지 주님께서 '내가 너희들의 신앙생활을 구체적으로 안다'고 여덟 가지를 말씀하셨는데, 그 가운데서 '인내'라는 단어만은 두 번이나 강조하셨습니다.

여러분, 우리가 예수 이름 때문에 도전과 맞닥뜨리고 시련을 감수할 때 아무도 모르는 것 같습니다. 그래서 주저앉고 야합하고 타협하려 할 때가 있습니다. 주님께서 다 보고 계신다는 것입니다. 우리가 주님의 이름 때문에 어떤 고통을 인내하고 있는지 주님께서 다 아신다는 것입니다. 나를 아시는 주님을 생각함으로 우리는 이 세상의 어떤 도전도 뚫고 나갈 수 있는 것입니다.

마지막으로, '게으르지 아니한 것을 안다'입니다. '게으르지 아니하다'라고 번역되어 있으니까 '태만하지 않게 근면하고 성실하게 일한다'는 의미만으로 이해하기 쉽습니다. 그러나 주님께서 사용하신 동사 '캄노'(κάμνω)는 '지치지 않았다'는 의미입니다. 바꾸어 말해 어떤 경우에도 낙심하지 않았다는 말입니다. 그것이 가능할 수 있었던 것은 그들이 소망을 지니고 있었기 때문입니다. 주님께서는 그 사실도 보고 알고 계셨습니다. 여러분, 살아가는 데 우리를 낙심케 하고 절망시키는 일이 참 많습니다. 그런데 인간을 가장 절망시키는 일이 무엇입니까? 결국 죽음 아닙니까? 죽음은 나를 아무것도 못하게 만듭니다. 내가 가진 모든 것을 무의미하게 만듭니다. 죽음보다 더 절망스러운 것이 있겠습니까? 그런데 우리 주님은 그 죽음을 깨뜨리신 분입니다. 그 죽음을 깨뜨리고 영원히 사신 분이십니다. 그분을 우리 주인으로 모셨는데, 그분의 생명이 우리 속에서 솟구치는데, 세상의 무엇이 우리를 낙심케 할 수 있겠습니까?

그 믿음을 내가 보고 안다는 것입니다. 여러분, 바로 이것이 예수를 믿고 예수를 좇아 살던 에베소 교인들의 새로운, 구체적인 삶의 내용이었습니다. 자기만을 위해서 살던 손과 발을 내어놓아 섬김의 삶을 살고, 어떤 경우에도 하나님의 말씀 아래에 거하면서 인내하고, 말씀으로 선지자의 거짓됨을 분별해 내고, 세상의 온갖 도전과 시련을 예수 이름 때문에 기꺼이 감수하고, 어떤 절망적인 상황 속에서도 낙심하지 않고 예수를 좇는 새로운 삶입니다. 여러분, 시애틀이나 서울에서 산 그리스도인들이 아닙니다. 그 우상의 도시, 황제의 도시, 예수를 믿으면 핍박당하는 그 유대인들이 장악한 도시에서 이런 삶을 살았던 것입니다. 얼마나 위대한 그리스도인들입니까? 그런데 4절에서 대반전이 일어납니다. 4절입니다.

——— **그러나 너를 책망할 것이 있나니 너의 처음 사랑을 버렸느니라**

(계 2:4)

아가펜 프로텐과 새로운 삶

여기에서 '처음 사랑'이라고 하는 것은 방금 우리가 살폈던 2절, 3절에 언급되어 있는 새로운 삶, 그 놀라운 그리스도인의 삶을 살게끔 해주었던 동력인 처음 사랑을 잊었다는 것입니다. 여기에서 "처음 사랑을 버렸느니라" 할 때, '버렸느니라' 이 동사가 '압히에미'(ἀφίημι)인데 'to send away', '멀리 차버렸다'는 뜻입니다. 그래서 주님께서 그것 책망하시겠다는 것입니다. 여러분, 우리말로 '책망하다'라는 동사는 일회적인 동사입니다. 가령 내 아이가 학교 숙제를 해야 되는데 숙제를 안 합니다. 그리고 밤새도록 게임을 합니다. 그래서 아침에 일어나서 학교를 가는데 '너 숙제 했냐?' 묻습니다. '안 했습니다' 그러면 아빠가 책망을 합니다. 혼을 냅니다. 그렇다고 아빠가 그 아이 다시 안 봅니까? 숙제 안 하고 학교 갔는데 학교 갔다 오면 여전히 '어, 갔다 왔니?' 또 감싸 줍니다. 여기에서 책망한다는 것은 그런 의미가 아닙니다. 원문에 '카타'(κατά)라는 단어로 쓰여 있는데 그건 'against', '반대한다', '수용하지 못한다', '절대로 동의하지 못한다' 이것입니다. '네가 처음 사랑을 버린 삶을 나 예수 그리스도는 절대로 수용하지 못한다'는 뜻입니다. 일회적인 것이 아닙니다. '네가 그렇게 살아가는 한 네 삶에 나는 동의할 수 없다, 수긍할 수 없다'는 뜻입니다.

　여러분, 여기에 있는 이 처음 사랑을 설명한 책들을 보면 대개 남녀 간의 첫사랑으로 설명한 내용들이 많습니다. 여기에 있는 처음 사랑은 이 지구상에 살고 있는 72억 인구가 저마다 살아가면서 한 번쯤 경험할 수 있는 첫사랑, 연인 간의 첫사랑, 에

로틱한 첫사랑을 의미하지 않습니다. 이 처음 사랑이 원문에 '아가펜 프로텐'(ἀγάπην πρώτην)이라고 기록되어 있습니다. '아가펜'은 우리가 잘 아는 아가페 사랑을 의미합니다. '프로텐'의 원형은 '프로토스'(πρῶτος)입니다. 이것은 '처음', '먼저'라는 의미이기도 하지만 시간, 장소, 순서, 중요성에 있어서 무엇보다도 최상의 위치에 있는 것이라는 뜻입니다. 무엇과도 비교할 수 없다는 것입니다. 그러니까 그 말을 그대로 번역하면 처음 사랑이 아니라 최상의 사랑입니다. 성경의 콘텍스트에 더 맞게 번역을 하면 궁극의 사랑입니다. 에베소의 교인들이 그 궁극의 사랑을 얻음으로, 그 궁극의 사랑을 힘입어서 2절, 3절에 언급되어 있는 새로운 삶을 살았습니다. 그런데 그 궁극의 사랑을 소멸함으로, 결과적으로 새로운 삶 자체도 없어져 버린 것입니다. '그와 같은 네 존재, 네 삶을 절대로 수긍하지 않겠다, 받아들이지 않겠다'는 뜻입니다.

그러면 주님께서 말씀하시는 이 궁극적인 사랑이 도대체 성경에서 어떻게 인간에게 주어졌겠습니까? 우리가 성경을 확인해 볼 필요가 있습니다. 이스라엘 백성을 한번 생각해 보십시다. 이스라엘 백성이 400년 동안 이집트에서 노예살이하지 않았습니까? 우리가 일제에 36년 식민통치를 받았는데 실제로는 36년이 아닙니다. 1910년 9월부터 1945년 8월까지니까 만으로 따지면 34년 11개월입니다. 그런데 우리는 그 고통이 얼마나 컸는지 34년 몇 개월이라고 하지 않고 36년이라고 합니다.

400년이면 어떻겠습니까? 상상이 되십니까? 성경에서 이집트의 400년 노예살이는 죽음과 죄의 소굴을 의미하지 않습니까? 거기에서 이 사람들이 해방을 얻습니다. 그 해방을 어떻게 얻습니까? 그들이 띠 매고 구호를 외치고 칼 들고 투쟁을 해서 얻었습니까? 아니었습니다. 하나님께서 이스라엘 백성을 그 죄와 죽음의 노예살이 구렁텅이에서 빼내시기 위해서 모세를 보내셨습니다. 그리고 모세를 통해서 아홉 번 재앙을 내리셨습니다. 이집트의 파라오가 이스라엘 백성을 해방시켜 줄 듯 줄 듯 하면서 아홉 개의 재앙을 맞을 때까지 해방시켜 주지 않았습니다. 당연하지 않겠습니까? 당시에 남자 장정만 60만 명 아닙니까? 남자 장정은 가장이니까 아내가 있지 않습니까? 부부만 따지면 120만 명입니다. 그들에게 부모 한 분이 계시거나 아니면 자식들 중에 장성한 자식이 한 명 딸려 살면 한 집에 세 명만 따져도 일을 할 수 있는 노동력을 가진 사람이 180만 명 아닙니까? 그 시대에 노예는 국부의 원천입니다. 노예가 국가 기관, 산업 기구 장치입니다. 그 노예를 통해서 모든 농작물이 다 생산되는데 하루아침에 해방시킨다면 국가 경제를 포기하는 것 아닙니까? 바보가 아니고서야 파라오가 하겠습니까?

주님께서 드디어 마지막 재앙을 내리십니다. 마지막 재앙은 파라오부터 이집트에 있는 모든 집안의 장자와 모든 짐승의 첫 새끼를 주님께서 치시는 것입니다. 죽이는 것입니다. 그런데 그 죽음의 재앙, 죽음의 심판에서 당신의 백성들만은 구원해 주십니다. 지키십니다. 어떻게 지키십니까? 출애굽기 12장 23절입니다.

—— **여호와께서 애굽 사람들에게 재앙을 내리려고 지나가실 때에 문인방과 좌우 문설주의 피를 보시면**(출 12:23상)

주님께서 이스라엘 백성들에게 말씀하십니다. '자, 오늘 밤에 이집트 땅에서 모든 집 장자와 짐승의 첫 새끼가 죽는데 너희들은 어린양을 잡아서 그 피를 양 문설주와 인방, 즉 현관문 기둥 둘레에다가 피를 발라 둬라' 하십니다. 문설주는 문짝을 끼우는 두 기둥이고, 인방은 두 문설주를 가로지르는 나무입니다. "피를 보시면." 누가 피를 봅니까? 사람이 보는 것이 아닙니다. 그 문틀에 발라져 있는 피를 '하나님께서 보시면'입니다.

—— **여호와께서 그 문을 넘으시고**(출 12:23중)

첫 새끼와 장자를 죽이시는 하나님의 재앙의 심판이 그 피를 보시면 그 집을 넘어갑니다. 히브리말로 '파사흐'(הָסַפ)입니다. '넘어간다', '패스 오버pass over'입니다. 그야말로 넘어가는 것입니다. 한자로 번역하니까 '넘을 유' 자에 '넘을 월' 자, '유월'(逾

26

越)이 됩니다.

—— 넘으시고 멸하는 자에게 너희 집에 들어가서 너희를 치지 못하게 하실 것임이니라(출 12:23하)

　그 집에 있는 사람들은 모두 생명을 지킬 수 있습니다. 자, 지금 '그 집안에 도덕적인 사람이 있기 때문에 내가 패스 오버 할 거야', '그 집안에 윤리적인 사람이 있기 때문에', '그 집안에 연봉 얼마 이상 있는 사람이 있기 때문에', '거기에 학력이 좋은 인텔리들이 있기 때문에 내가 넘어갈 거야'라고 말씀하시지 않았습니다. 그 속에 도둑놈이 있든지, 비윤리적인 사람이 있든지, 피부 색깔이 검든지 희든지 아무 상관 없이 그 피가 발라져 있는 문 속에만 있으면 주님께서 넘어가심으로 그 집안에 있는 사람은 다 살아납니다. 지금 이집트에 있는 모든 집에서 곡성이 터집니다. 장자들이 죽는 것입니다. 그런데 이스라엘 백성들이 어린 양의 피를 바른 집안에 있는 사람들은 아무도 다치지 않습니다.

　아주 오래된 영화이지만 찰턴 헤스턴이 주연했던 영화 〈십계〉가 이 장면을 드라마틱하게 연출해 내었습니다. 그 마지막 날 밤에 재앙의 심판이 마치 안개처럼 땅에 좌악 깔려 들어오지 않습니까? 모세의 예언을 듣고 이집트의 모든 사람들이 문을 꽁꽁 걸어 잠그고 있습니다. 그런데 하나님의 안개와 같은 재앙이 걸어 잠근 문 밑으로 스르륵 들어갑니다. 들어감과 동시에 그 집에서 곡이 터집니다. 장자가 죽은 것입니다. 그런데 문설주와 인방에 피를 바른 이스라엘 백성의 집은 그 안개가 문설주와 인방을 타고 패스 오버 합니다. 다 살아나는 것입니다. 하나님께서 출애굽기 12장 40절에서 42절을 통해 이렇게 말씀하십니다.

—— 이스라엘 자손이 애굽에 거주한 지 사백 삼십 년이라 사백 삼십 년이 끝나는 그 날에 여호와의 군대가 다 애굽 땅에서 나왔은즉 이 밤은 그들을 애굽 땅에서 인도하여 내심으로 말미암아 여호와 앞에 지킬 것이니 이는 여호와의 밤이라 이스라엘 자손이 다 대대로 지킬 것이니라

(출 12:40-42)

이날 이집트 집집마다 터지는 곡성을 들으면서 이스라엘 백성들은 400년에 걸친 노예살이에서 해방이 되었습니다. 그들의 노력이 아닙니다. 하나님께서 베풀어 주신 '아가펜 프로텐', 궁극적인 사랑이었습니다. 그 하나님의 사랑이 임하심으로 그들이 구원을 받은 그 여호와의 밤, 그날을 영원히 기념하기 위해서 만든 절기가 유월절입니다. 히브리말로는 '파사흐' 동사에서 나와서 '페사흐'(פֶּסַח)이고, 영어로는 'pass over'입니다. 'p' 자를 대문자로 쓰면 유월절(Passover)이 됩니다. 한자로는 '유월'(逾越) 뒤에 '절기 절'(節) 자를 붙이면 유월절(逾越節)입니다.

여러분, 한번 생각을 해보십시다. 온 이집트 땅에 곡성이 가득 찼는데 그 곡성을 들으면서 하나님께서 값없이 베풀어 주신 아가 펜 프로텐으로 400년이 넘는 노예살이에서 해방이 될 때, 그 사랑에 감격하면서 모두들 가나안을 향한 새로운 삶을 살리라고 결심하지 않았겠습니까? 그 새로운 삶의 동인이 그들에게 있는 것이 아니라 그들에게 베풀어 주신 하나님의 궁극의 사랑 때문에 그들은 새로운 삶을 살리라 노래하면서 애굽에서 나왔습니다.

여러분, 우리가 다 이 사랑을 경험한 사람들입니다. 바울이 고린도에 쓴 편지, 고린도전서 2장 1절, 2절에서 이렇게 기록합니다.

—— **형제들아 내가 너희에게 나아가 하나님의 증거를 전할 때에 말과 지혜의 아름다운 것으로 아니 하였나니**(고전 2:1)

신약성경의 4분의 1을 바울 혼자서 썼습니다. 사복음서를 빼면 신약성경의 3분의 1을 바울이 썼습니다. 그 바울의 문장이 얼마나 수려하고 논리가 탁월한지 가히 바울을 가리켜 문(文)의 귀재라고 해도 과언이 아닐 정도입니다. 그런데 바울은 뭐라고 이야기합니까? '나는 너희들에게 편지하고 예수를 전할 때에 한마디도 미사여구를 쓰지 않았다', '내 문장력을 뽐내려고 한 적이 없다' 했습니다. 바울이 핵심을 둔 것은 무엇입니까?

—— 내가 너희 중에서 예수 그리스도와 그가 십자가에 못 박히신 것 외에는 아무 것도 알지 아니하기로 작정하였음이라(고전 2:2)

바울이 수많은 글을 썼다 할지라도 그 핵심은 예수 그리스도와 예수 그리스도의 십자가뿐입니다. 왜입니까? 그것이 복음의 핵심입니다. 로마서 6장 23절입니다.

—— 죄의 삯은 사망이요 하나님의 은사는 그리스도 예수 우리 주 안에 있는 영생이니라(롬 6:23)

유월절과 십자가의 아가펜 프로텐

죄인은 거룩하신 하나님 앞에서 죽어야 되지 않습니까? 그런데 예수 그리스도의 십자가가 우리에게 영원한 생명, 영원한 구원을 주셨습니다. 어떻게 예수 그리스도의 십자가가 그 역할을 할 수 있었습니까? 여러분, 예수님을 가리켜서 유월절 어린양이라고 성경이 부릅니다. 유월절 어린양이 무엇입니까? 하나님께서 마지막 재앙을 내릴 때 '어린양을 잡아서 피를 문 인방과 좌우 설주에 발라 둬라. 그러면 내가 피를 보면 그 집 문을 넘어가리라' 하셨습니다. 예수님이 그 유월절의 어린양이라는 것입니다. 예수님께서 유월절 어린양으로 십자가에서 피를 흘리시고 고난을 당하셨습니다. 여러분, 많은 그리스도인들이 예수님을 구세주로 믿으면서, 왜 우리 주 예수 그리스도께서는 공자님처럼 부처님처럼 품위 있게 돌아가시지 못했을까 질문합니다.

예수님은 그렇게 돌아가실 수가 없었습니다. 로마 군인들이 조롱하기 위해서 팔레스타인의 가시를 엮어서 면류관이라고, 왕관이라고 예수님의 머리에 씌워서 눌렀습니다. 여러분, 팔레스타인 여행하시면서 가시나무를 보신 분은 아시겠습니다만은 팔레스타인의 가시는 못보다 더 날카롭습니다. 그걸로 관을 엮어서 이마에 누르면 그냥 찍힙니다. 피가 줄줄 흐릅니다. 왜 주님께서 머리에 피를 흘리시고 고난을 당하셔야 합니까? 우리가 머리로 지은 죄를 하나님의 심판으로부터 패스 오버 시켜 주시기 위함입니다.

예수님께서 가슴과 등에 로마 군병의 채씩질을 당하셨습니다. 인류가 고안해 낸 가장 잔인한 채찍이 로마 제국의 채찍입니다. 로마 제국의 채찍 끝에는 쇠 추가 달려 있었습니다. 그래서 긴 채찍을 군인이 돌리다가 죄수의 허리에 채찍을 탁 갖다 대면 쇠 추의 무게로 채찍이 죄수의 몸에 쫙 감깁니다. 그러면 채찍을 쭉 뺍니다. 제일 끝에 있는 쇠 추가 살에 탁 박혀 있다가 쭉 뺄 때 살을 쫘악 찢고 나갑니다. 그러니까 영화에서 보듯이 브라이도리온에서 로마 군인이 짧은 채찍을 막 치는 것은 고증을 잘못

한 것입니다. 로마 군인은 예수님을 그런 채찍으로 채찍질한 게 아닙니다. 가장 잔인한 채찍에 예수님의 가슴과 등이 터지면서 피를 다 흘리셨습니다. 왜? 우리가 마음으로 지은 죄에 대한 하나님의 심판을 패스 오버 시켜 주시기 위해서입니다.

예수님은 손에 못 박혀 피를 흘리셨습니다. 우리가 손으로 지은 죄에 대한 하나님의 심판이 패스 오버 되게 해주시기 위함입니다. 예수님은 발에 못 박혀서 피를 흘리셨습니다. 우리가 가장으로서, 사회인으로서, 그리스도인으로서 가서는 안 될 곳을 두 발로 돌아다니면서 지은 죗값에 대한 하나님의 심판이 패스 오버 되게 해주시기 위함입니다.

예수님께서 돌아가셨는지 안 돌아가셨는지 확인하기 위해서 로마 군병이 옆구리에 창을 찔러서 예수님은 마지막 피, 물 한 방울까지 다 흘리셨습니다. 썩어 문드러질 이 몸뚱어리로 지은 죄에 대한 하나님의 심판도 패스 오버 시켜 주시기 위함입니다.

그 예수님을 만나고 나니까 바울은 예수와 예수 그리스도의 십자가 외에는 할 말이 없습니다. 그래서 바울이 이렇게 말하지 않습니까? 고린도후서 5장 17절입니다.

—— **그런즉 누구든지 그리스도 안에 있으면 새로운 피조물이라 이전 것은 지나갔으니 보라 새 것이 되었도다**(고후 5:17)

여러분, 바울의 손과 발은 예전에 무엇이었습니까? 예루살렘에서 200킬로미터 떨어져 있는 다메섹까지 가서 예수 믿는 사람들을 체포하고 연행하고 투옥시키는 범죄의 도구였습니다. 그 범죄의 도구가 하나님의 심판으로부터 패스 오버 시켜 주시는 예수 그리스도의 십자가, 어린양의 보혈을 만나고 나니까 그 예수 그리스도의 십자가 안에서 새로운 피조물이 되었습니다. 죽음의 병기가 의의 병기가 된 것입니다. 생명의 통로가 된 것입니다. 그러니까 우리나라 말로는 '보라', 이런 감탄사로 번역을 해도 마음에 안 와 닿습니다.

그런데 바울이 자기 손을 보면서 '보라, 새것이 되었도다!'라고 감탄하면서 세상을 향해서 외치는 것입니다. '세상 사람들아, 내 손과 발 좀 봐. 이것 어제 손 아니야. 이제 새것이 됐어.' 무엇으로입니까? 아가펜 프로텐입니다. 그 사랑이 우리에게 임한 것입니다. 그 하나님의 패스 오버의 사랑이 우리를 살리신 것입니다. 우리의 노력입니까? 우리의 의지입니까? 우리가 잘났고 도덕적이고 윤리적이었기 때문입니까? 우리가 재산을 좀 가지고 있고 우리가 좀 지적이기 때문입니까? 아닙니다. 바울이 로마서 5장 7절, 8절에서 이렇게 말합니다.

──── **의인을 위하여 죽는 자가 쉽지 않고**(롬 5:7상)

쉽지 않다는 게 무엇입니까? 어렵다는 말입니다. 이런 일은 없다는 것입니다. 의인을 위해서 죽어 주는 사람은 없습니다. 여러분, 여러 사람이 있는데 한 사람이 죽어야 된다고 합시다. 그 자리에 의인이 있으면 다 의인 얼굴을 쳐다볼 것입니다. '당신이 돌아가 주셔야죠.' 여러분, 지금 여기가 반기독교적인 국가여서 지금 예배드리는 이 장소를 반기독교적인 군대가 밖에서 딱 진을 치고 '한 명만 죽어라, 나머지는 다 집에 보내 줄게' 그러면 여러분들 다 누구를 쳐다보시겠습니까? 담임목사님 보시지 않겠습니까? 여러분들 중에서 '목사님은 사세요. 내가 나가서 죽을게요'라고 할 분이 있겠습니까? 의인이 있으면 다 의인에게 매달립니다.

—— 선인을 위하여 용감히 죽는 자가 혹 있거니와(롬 5:7하)

이 부분도 의미가 명확하게 전달이 안 됩니다. '선인'이라고 번역을 하면 '착한 사람'이라는 뜻 아닙니까? 그런데 헬라어 '아가도스'(ἀγαθός)는 선량하고 순진무구한 사람을 의미합니다. 그러니까 어린아이를 생각하면 됩니다. 이 순진무구한 어린아이를 위해서 용감히 죽는 사람은 어쩌다가 있을 수 있습니다. 여기에 '용감히'라는 것은 '톨마오'(τολμάω)라고 기록되어 있는데 '담대하게'라는 뜻이지만 그 단어의 본질은 '생각하지 않고'입니다. 선량한 사람이 있을 때 생각하지 않고서는 죽을 수 있다는 것입니다. 바꾸어 말하면 생각하면 못 죽는다는 것입니다.

옛날에는 가끔 철길에서 아이가 놀곤 했습니다. 그런데 기차가 오는데 이 아이가 기차 소리를 못 듣고 놉니다. 기관사는 아이를 못 봅니다. 그러면 누가 뛰어 들어가서 그 아이를 쳐내고 살립니까? 엄마입니다. 대개 그 아이의 엄마가 아이를 밀쳐내고 자기가 죽습니다. 순진무구하고 선량한 자기 아이를 위해서 엄마가 생각 없이 뛰어드는 것입니다. 만약에 그 순간에 엄마가 '저 기차가 시속 60킬로미터로 오는데 내가 지금 여기에서 시속 10킬로미터로 뛰어가서 저 아이를 밀쳐내면 내가 0.1초 차이로 치어 죽겠네'라고 생각하면 절대 못 들어갑니다.

—— **우리가 아직 죄인 되었을 때에 그리스도께서 우리를 위하여 죽으심으로 하나님께서 우리에 대한 자기의 사랑을 확증하셨느니라**(롬 5:8)

우리는 흉측한 죄인들이었습니다. 여러분들께서 가령 전과 10범만 된다 하면 한 방에서 같이 지내고 친하게 사귀시겠습니까? 관계를 맺어도 형식적인 관계가 아니겠습니까? 그런데 우리는 어떤 존재입니까? 하나님 앞에서 하루에 한 번씩 '하나님 모르시겠지' 하고 죄를 지어도 하루에 한 번씩 올라가는 것 아닙니까? 한 달이면 전과 30범, 1년이면 365범입니다. 저처럼 70년을 넘게 살았으면 도대체 몇 법입니까? 그런 전과자를 위해서 세상에 누가 죽어 주겠습니까? 그런데 우리 같은 전과자를 위해 주님께서 패스 오버의 은혜를 베풀어 주시기 위해 십자가에서 돌아가심으로 당신의 사랑을 확증하셨습니다.

그 사랑이 무엇입니까? 아가펜 프로텐, 궁극적 사랑입니다. 그 궁극적인 사랑을 깨달았을 때가 우리가 예수를 영접했을 때입니다. 그 궁극적인 사랑을 깨달았을 때가 우리가 새로운 삶을 살리라 결심하고 새 말을 듣기 시작했을 때입니다. 내가 내 의지로 새로운 삶을 사는 것이 아니라 그분이 내게 궁극적인 사랑을 베풀어 주셨기 때문에 그 궁극적인 사랑을 힘입어서 새로운 삶이 수반될 수 있는 것입니다.

그런데 이 궁극적인 사랑을 우리가 멀리 차버렸다는 것입니다. 잊어버리고 사는 것을 주님께서 묵과할 수 없다는 것입니다. 수용할 수 없다는 깃입니다. 5질 상반절을 보시겠습니다.

—— **그러므로 어디서 떨어졌는지를 생각하고**(계 2:5상)

과녁판에서 벗어난 까닭

많은 분들이 이 구절을 읽으면서 진의를 잘못 받아들입니다.

'그러므로 어디서 처음 사랑을 떨어뜨렸는지 생각해 봐라.' 이렇게 쓰여진 책도 굉장히 많습니다. 여러분, 잘 보십시오. '그러므로 어디서 떨어뜨렸는지 생각해라'라고 기록되어 있지 않습니다. '떨어지다.' 타동사가 아니라 자동사로 기록되어 있습니다.

헬라어 원문에 '에크핍토'(ἐκπίπτω)라고 기록되어 있는데 이 동사의 주어는 '너'입니다. 그러므로 네가 어디서 '에크핍토'했는지 생각해라입니다. '에크핍토'한다는 것은 떨어진다는 의미도 되지만 '실족하다', '빗나가다', '벗어나다'라는 의미입니다. '그러므로 네가 어디서 빗나갔는가, 어디서 벗어났는가 생각하라는 것입니다. 여러분들 성경 공부 하셔서 잘 아시겠습니다만은, 죄를 헬라어로 '하마르티아'(ἀμαρτία)라고 합니다. 그런데 '하마르티아'라고 하는 단어의 뜻은 과녁에서 벗어난 것입니다. 과녁을 정조준하고 과녁으로 가야 되는데 이 과녁에서 벗어난 게 죄입니다. 그러니까 살인과 강도, 거짓말은 죄의 결과입니다. 제가 저기에 회색 네모판을 향해서 화살을 쐈는데 화살이 저 과녁판을 벗어났습니다. 벗어난 것은 결과 아닙니까? 그런데 그 과녁판에서 벗어난 동인은 무엇입니까? 무엇이 잘못된 것입니까? 저 과녁판이 잘못되었습니까? 아닙니다. 제 조준이 잘못된 것입니다. 제가 조준을 다른 데로 한 것입니다. 그러니까 그리스도인은 삼위일체 하나님을 과녁판으로 삼아야 됩니다. 그런데 이 과녁판에서 벗어나면서 아가펜 프로텐을 소멸해 버린 것입니다. 상실해 버린 것입니다.

이런 얘기하고 똑같습니다. 오늘 시애틀에 뜬 태양이 얼마나 아름다웠습니까! 태양이 아름다우니까 창문을 통해서 따뜻한 햇볕과 밝은 빛과 따뜻한 열기가 창문을 통해서 들어오지 않았습니까. 그런데 그 창에다가 검은 암막을 쳐버립니다. 그러면 태양하고 관계가 단절됩니다. 암막을 침과 동시에 태양의 열과 빛도 사라져 버립니다. 내가 하나님을 과녁판 삼지 않으면 태양과 나 사이에 암막을 친 것과 똑같습니다. 하나님께로부터 내려오던 아가펜 프로텐이 없어져 버리는 것입니다. 그 아가펜 프로텐이 없어지니까 아가펜 프로텐을 동력으로 살던 새로운 삶도 증발하는 것입니다.

'네가 어디에서 하나님을 과녁판으로 삼는 삶에서 벗어났는지 생각해라.' 생각하라는 이 동사가 '므네모뉴오'(μνημονεύω)로 기록되어 있는데 주의 깊고 면밀하게 관찰하고 들여다보라는 것입니다.

여러분, 마태복음 6장 28절에도 예수님께서 생각하라고 말씀합니다. 예수님께서 메시아로 이 땅에 오셨는데, 인간을 구원해 주러 오셨는데 그 메시아 앞에 모이는 인간들은 더 잘 먹고 더 잘살겠다는 문제만 들고 옵니다. 그래서 예수님께서 '얘들아, 어떻게 나를 좇으면서 먹고사는 문제만 그렇게 따지냐? 들에 백합화를 한번 생각해 봐라. 쟤들이 수고하니? 길쌈하니? 그래도

솔로몬의 옷보다 아름답지 않니? 오늘 있다가 내일 아궁이에 던져지는 들풀도 하나님께서 저렇게 입히신다면 하물며 너희일까 보냐. 믿음이 적은 자들아 생각 한번 해봐라' 하십니다. 그때는 '카타만다노'(καταμανθάνω)라는 동사를 썼습니다. 카타만다노는 깊이를 강조하는 단어입니다. '깊이 한번 생각해 봐라. 들풀을 입히시는 하나님이 너를 굶기냐? 깊이 생각해 봐라'는 것입니다.

여기 '므네모뉴오'는 '하나님의 아가펜 프로텐 속에서 감격해서 살다가 언제 어느 과정에서 하나님의 과녁판을 스스로 내팽개쳤는지 네 인생 전반에 걸쳐서 면밀하게 되돌아봐라'입니다. 이것은 길이를 강조하는 것입니다. 그러니까 우리가 태어나서 지금까지 오는 동안에 하나님께서 어떻게 개입하셨는가를 한편으로는 카타만다노, 깊게, 한편으로는 므네모뉴오, 길게 생각해 보면 우리의 문제, 내가 지금 고민하는 모든 상황에 대한 답이 그 속에 실은 다 들어 있는 것입니다. 그래서 주님께서 '깊이 생각해 봐라' 하셨습니다.

자, 이스라엘 백성들이 하나님의 아가펜 프로텐으로 그 400년에 걸친 죄와 사망의 노예살이에서 해방되고 감격해서 새로운 삶, 가나안을 향해서 갔습니다. 그런데 그들이 언제 그 하나님을 등졌습니까? 그것을 살펴보면 우리가 언제 하나님을 등지는지 판박이로 알 수 있지 않겠습니까?

하나님을 등진 두 경우

이스라엘 백성들이 크게 두 경우에 하나님을 등졌습니다. 첫 번째 경우는 전혀 예상하지 않았던 인생의 위기, 인생의 장애물을 만났을 때 서슴없이 하나님을 버렸습니다. 그들이 출애굽을 하고 나서 홍해 앞에 진을 쳤을 때 변심한 파라오가 이집트의 전 군대를 이끌고 추격해 오지 않습니까? 자, 앞에는 폭 32킬로미터 홍해, 뒤에는 당시 세계 최강의 이집트 전 군대가 있습니다. 독 안에 든 쥐입니다. 죽은 것입니다. 그때 이스라엘 백성들이 이렇게 원망합니다. 출애굽기 14장 11절에서 12절입니다.

—— 그들이 또 모세에게 이르되 애굽에 매장지가 없어서 당신이 우리를 이끌어 내어 이 광야에서 죽게 하느냐 어찌하여 당신이 우리를 애굽에서 이끌어 내어 우리에게 이같이 하느냐 우리가 애굽에서 당신에게 이른 말이 이것이 아니냐 이르기를 우리를 내버려 두라 우리가 애굽 사람을 섬길 것이라 하지 아니 하더냐 애굽 사람을 섬기는 것이 광야에서 죽는 것보다 낫겠노라(출 14:11-12)

홍해라는 인생의 장애물 앞에서 이미 하나님은 그들의 삶 속에 자리 잡을 수 없었습니다. 하나님을 과녁판으로 삼는 믿음의 삶에서 실족해 버린 것입니다. '아니, 이런 하나님이라면 우리 차

라리 이집트에서 노예살이하다 죽을래'라고 합니다. 가데스바네
아에 갔을 때 모세가 열두 명의 정탐꾼들을 가나안 땅에 보내어
서 지형을 살피게 하지 않았습니까? 그들이 40일 동안 정탐을
하고 와서 열 명이 부정적인 보고를 했습니다. '그 원주민들이
얼마나 장대한 거인들인지 그 앞에 서니까 우리는 메뚜기 같더
라, 절대 못 이긴다, 들어가면 안 된다'라고 보고합니다. 민수기
14장 1절에서 4절이 그 당시 상황을 이렇게 전합니다.

—— 온 회중이 소리를 높여 부르짖으며 백성이 밤새도록 통곡하였더
라 이스라엘 자손이 다 모세와 아론을 원망하며 온 회중이 그들에게 이
르되 우리가 애굽 땅에서 죽었거나 이 광야에서 죽었으면 좋았을 것을
어찌하여 여호와가 우리를 그 땅으로 인도하여 칼에 쓰러지게 하려 하는
가 우리 처자가 사로 잡히리니 애굽으로 돌아가는 것이 낫지 아니하랴
이에 서로 말하되 우리가 한 지휘관을 세우고 애굽으로 돌아가자 하매
(민 14:1-4)

가데스바네아에 또 하나님이 없습니다. 애굽으로 가자는 것
입니다. 여러분, 애굽에 가면 자기네들 저택이 있습니까? 적금
들어 놓은 거 있습니까? 아닙니다. 죽음의 노예살이 해야 합니
다. 그런데 그리로 가자는 것입니다. 하나님의 과녁판을 잃고 '우
리가 원하는 대로 살자', 그 종국이 애굽의 공동묘지입니다. 그리

로 가겠다는 것입니다. '우리를 이렇게 죽게 만드는 하나님이라는 그분이 세운 모세, 지도자로 인정할 수 없어. 우리가 새 리더 뽑자. 그리고 그 리더의 인솔하에 이집트로 돌아가자'라고 합니다.

이렇게 인간들은 인생의 앞길에 자기가 계산하지 않았던 장애물이 생겼거나 뜻하지 않은 위기를 만나는 순간 하나님의 과녁판을 던져 버립니다. 여러분, 하나님께서 당신의 아가펜 프로텐으로 우리를 구원하시고서, 당신을 좇아 걷는 우리 인생의 여정에 왜 장애물을 두십니까? 왜 우리 인생이 위기에 처하게 하십니까? 우리 인생이 장애물을 만나야, 우리 인생이 위기를 당해 봐야 그 장애물과 위기 속에서 나와 함께하시는 하나님의 동행하심과 하나님의 더 크신 능력을 내 온 삶으로 체험하고 확인할 수 있기 때문입니다. 그래서 인생의 위기를 더 많이 당한 사람의 믿음의 경지가 더 깊어지고 넓어지는 것은 두말할 나위가 없습니다. 여러분, 다윗이 지은 참 유명한 시들이 많은데 그중에서 시편 23편이 대표적인 시 아닙니까? 시편 23편 4절입니다.

—— **내가 사망의 음침한 골짜기로 다닐지라도 해를 두려워하지 않을 것은**(시 23:4상)

여러분, 이런 구절 읽으면 당장 질문이 생기지 않습니까? '하나님께서 다윗을 사랑하시면 차라리 아예 사망의 음침한 골짜기로 데려가시지 말지. 하나님이 나를 사랑하시면 내 육체를 사망의 음침한 골짜기로 데려가시지 말지. 하나님께서 나를 예뻐하신다면 내가 경제적으로 사망의 음침한 골짜기에서 헤매게 하시지 말지. 왜 헤매게 하셔? 왜 병 주고 약 주셔?'

—— **사망의 음침한 골짜기로 다닐지라도 해를 두려워하지 않을 것은 주께서 나와 함께 하심이라 주의 지팡이와 막대기가 나를 안위하시나이다**(시 23:4하)

내가 어떤 상황을 당할지라도 나와 동행하시며 당신의 막대기와 지팡이로 지키시는 하나님을 내가 경험하려면 사망의 골짜기 안 가보면 안 됩니다. 사망의 골짜기를 가본 사람만 이론적으로가 아니라 삶의 고백으로 나와 함께하시는 하나님, 그분의 막대기와 지팡이를 고백할 수 있는 것입니다. 그래서 하나님께서는 우리를 끌어가시는 것입니다. 그런데도 인간들은 그 장애물만 만나면 하나님을 버립니다. 하나님께서 이스라엘 백성들을 왜 홍해 앞으로 데리고 가십니까? 골탕 먹이려는 게 아니었습니다. 이스라엘 백성들은 이집트 군대가 세계에서 가장 강하다고 생각하지만, 실은 그 폭 32킬로미터 되는 강을 가르시고 그 강에 그 이집트의 군대를 수장시키는 하나님의 능력을 이스라엘 백성들에게 확인시켜 주시는 은혜의 체험장으로는 홍해보다 좋은 장

소가 없었던 것입니다.

두 번째, 인간은 자기 욕망에 사로잡힐 때 하나님을 버립니다. 이스라엘 백성들이 출애굽하면서 양식도 들고나오고 가축도 들고나왔는데 시간이 흐르면서 양식 다 떨어졌죠, 가지고 나온 가축 다 떨어졌죠, 먹을 것이 없어졌습니다. 그랬더니 하나님께서 매일 하늘에서 만나를 내려 주시지 않습니까? 여러분, 한번 그 광경을 생각해 보십시오. 시내 광야에 가보신 분은 아시겠습니다만은 풀 한 포기, 물 한 방울 없습니다. 거기서 이스라엘 백성이 40년을 살아남았다고 하는 것은 하나님께서 매일 만나를 내려 주셨기 때문인데 매일 하늘에서 떨어질 때 얼마나 감격스럽습니까! 그런데 다베라에서 이런 일이 있었습니다. 민수기 11장 4절에서 6절입니다.

—— 그들 중에 섞여 사는 다른 인종들이 탐욕을 품으매 이스라엘 자손도 다시 울며 이르되 누가 우리에게 고기를 주어 먹게 하랴 우리가 애굽에 있을 때에는 값없이 생선과 오이와 참외와 부추와 파와 마늘들을 먹은 것이 생각나거늘 이제는 우리의 기력이 다하여 이 만나 외에는 보이는 것이 아무 것도 없도다 하니 (민 11:4-6)

매일 만나를 먹다가 불평분자들이 부추기니까 '아, 만나 이거 지겨워서 못 먹겠다. 더 좀 맛있는 거 먹어야 되겠다. 고기 먹어야 되겠다' 하면서 하나님이 없어졌습니다. 인간이 뭔가 자기 기대가 이루어지면 하나님께 감사하고 더 잘 믿겠다고 하다가도 자기 욕망이 하나님보다 더 커지는 순간에 하나님의 과녁판을 떼어 버립니다. 여러분, 하나님께서는 광야에서 이스라엘 백성들에게 두 종류의 만나를 내려 주셨습니다. 한 종류의 만나는 육체의 만나입니다. 그들이 광야에서 만나만 먹고 40년을 견딜 수 있도록 하나님께서 얼마나 영양가 있는 만나를 주셨겠습니까? 또 하나의 만나는 그들의 영혼의 만나입니다. 창세기부터 신명기에 이르는 그 방대한 율법, 그 하나님의 말씀이 전부 광야에서 하늘에서 모세를 통해서 내려 주신 것입니다. 하나님께서는 하늘에서 만나와 말씀, 두 종류의 만나를 내려 주심으로 사람은 빵으로만 사는 존재가 아니라 하늘에서 내려오는 영원하신 하나님의 말씀으로 살아야 된다는 것을 훈련시키셨습니다.

그런데도 이스라엘 백성들은 욕망에 사로잡히는 순간에 썩어 문드러지는 고깃덩어리를 위해서 살겠다고 하나님의 말씀을 버렸습니다. 과녁판을 떼버린 것입니다. 이렇게 인간은 원치 않는 장애물과 자기 욕망에 사로잡히는 순간에 처음 사랑을 소멸해 버립니다. 왜입니까? 하나님의 과녁판을 상실하니까 결과적으로 아가펜 프로텐은 저절로 소멸되어 버리는 것입니다. 여러분, 인간이 살아가면서 자기 스스로 원치 않는 장애물이나 욕망에 사로잡힐 때 하나님의 과녁판을 떼어 버린다고 하는 것은 바꾸어 말하면 인간 자신이 하나님이 되어 버리기 때문입니다.

성경에 '교만하다'는 단어가 '휘시오오'(φυσιόω)라고 기록이 되어 있는데 원래 뜻은 '부풀린다'는 뜻입니다. 인간은 자기 자신을, 자기 있는 자기보다 부풀립니다. 자기를 더 크게 여기고 자기가 앉아야 될 자리보다 더 높이 앉습니다. 자기가 있어야 될 자리는 피조물의 자리인데, 하나님을 믿고 감격해서 따르다가 어느 순간이 되면 자기가 '휘시오오', 자기를 부풀려서 하나님의 자리에 올라갑니다. 이스라엘 백성을 보십시오. '하나님이 어찌하여 우리를 이리로 인도하는가? 내가 하나님이라면 절대 이리로 인도 안 할 텐데. 차라리 이집트로 돌아가자. 저 하나님은 나보다 못하네. 그러니까 우리가 지휘자를 세우고 이집트로 돌아가자.' 자신이 하나님이 되어 버린 것입니다. 5절입니다.

—— **그러므로 어디서 떨어졌는지를 생각하고 회개하여**(계 2:5상)

자복으로 끝나지 않는 회개

하나님의 과녁판을 어디서 상실하고, 어디서 스스로 교만해서 하나님의 자리에 앉아 있는지를 깊게, 므네모뉴오, 즉 관찰하고 성찰한 다음에 회개하라는 것입니다. 여러분, 회개하라는 것이 헬라어 동사로 '메타노에오'(μετανοέω)라는 것을 배우셨을 것입니다. 이것은 절대로 자복이 아닙니다. 자복이라는 동사는 헬라말로 '엑소몰로게오'(ἐξομολογέω)라고 합니다. 자복은 처음부터 끝까지 입으로만 하는 것입니다. '하나님, 제가 이런 죄를 지었습니다. 용서해 주십시오.' 그것은 자복입니다. 회개는 입으로 하는 것이 아니라 행동으로 하는 것입니다.

'메타노에오'라는 동사의 뜻은 가던 길이 틀렸음을 알고 길을 바꾸는 것입니다. 가는 길이 틀렸음을 알고 180도 돌아서는 것입니다. 내가 들고 있는 것이 들어서는 안 되는 것임을 알고 놓아 버리는 것입니다. 내가 들고 있는 것이 이건 아닌 줄 알고 칼로 무를 자르듯이 잘라 버리는 것, 이것이 회개입니다. 자복이 회개의 시작일 수는 있지만 자복이 회개의 완결일 수는 없습니다.

주님께서는 '네가 언제 나 하나님의 과녁판에서 벗어났니? 인생 전 과정을 면밀하게 돌아봐라. 그리고 찾았으면 회개하라' 하십니다. 무슨 말입니까? '나한테로 돌아서라'입니다. '돌아서라'가 무슨 얘기이겠습니까? '네가 앉아 있는 하나님의 자리에서 내려와서, 나 여호와를 하나님으로 네가 인정해라'입니다. 그것이 회개입니다. 홍해가 가로막혀 있는데 '아니, 하나님이 어찌해서 우리를 이리로 인도해서 죽게 해? 이집트에는 매장지가 없냐? 그래서 하나님이 고작 우리를 광야에서 죽게 해서 광야를 우리 매장지로 삼게 하나?' 할 때 그들이 하나님이잖습니까? 출애굽기 14장 13절에 모세가 이렇게 이야기합니다.

—— **모세가 백성에게 이르되 너희는 두려워하지 말고 가만히 서서 여호와께서 오늘 너희를 위하여 행하시는 구원을 보라**(출 14:13상)

'너희들 말하지 말고 가만히 여호와가 하시는 것 보라.' 무슨 말입니까? '너희들이 하나님 아니다. 너희들이 믿는 하나님이 어떠한 분인지 지금부터 좀 보아라. 가만히 보거라'입니다. 시편 46편 10절입니다.

—— **이르시기를 너희는 가만히 있어 내가 하나님 됨을 알지어다**(시 46:10상)

인간들이 얼마나 '휘시오오', 자기를 부풀려서 하나님 자리에 앉아서 하나님인 척하는지 하나님께서 인간들에게 '얘들아, 너희들 좀 가만히 있어라. 그리고 너희들이 아니고 내가 하나님인 것 좀 알아라. 그게 믿음이다'라고 하십니다. 이사야서 55장 8절에서 9절입니다.

—— **이는 내 생각이 너희의 생각과 다르며**(사 55:8상)

여러분, 믿음의 연륜이 길어진 사람일수록 이 부분을 인정 못합니다. 하나님과 내 생각이 같으면 우리가 하나님을 믿을 필요가 있습니까? 나하고 똑같은 생각을 가진 분을 내가 왜 주일마다 가서 예배드리고 헌금을 내야 합니까? 그런데도 이 기본적인 생각을 우리는 잊어버립니다. 그러니까 하나님께서 말씀하십니다.

—— 내 생각은 너희의 생각과 다르며 내 길은(사 55:8상)

이 '길'은 일을 처리하는 방법, 수단, 해결하는 여러 가지 아이디어입니다. 이것은 "너희의 길과 다름이니라 여호와의 말씀이니라"(사 55:8하)라고 하십니다. 하나님께서 말씀하시고도 '얘들아, 이거 사람 말 아니야. 나 여호와 말이야. 나 너희들 하고 달라. 이것 좀 들어'라고 하시고 이렇게 계속 말씀하십니다.

—— 이는 하늘이 땅보다 높음 같이 내 길은 너희의 길보다 높으며 내 생각은 너희의 생각보다 높음이니라(사 55:8-9)

여러분, 하늘이 땅보다 얼마나 높습니까! 측량 불가능하지 않습니까? '그만큼 내 생각은 너희들 생각보다 높고 내가 일을 처리하는 방법과 수단은 너희들 길보다 높아. 그런데 왜 너희들은 나와 너희들의 다름을 인정하지 못하니? 나 여호와의 말이야'

라는 말씀입니다. 그 차이를 인정하는 것, 그것이 회개입니다. 돌아서라는 것입니다.

—— **그러므로 어디서 떨어졌는지를 생각하고 회개하여 처음 행위를 가지라**(계 2:5상)

'처음 행위'는 아까 본문 2절, 3절에서 본 그 구체적인 삶이었습니다. 다시 읽어 보겠습니다.

—— **내가 네 행위와 수고와 네 인내를 알고 또 악한 자들을 용납하지 아니한 것과 자칭 사도라 하되 아닌 자들을 시험하여 그의 거짓된 것을 네가 드러낸 것과 또 네가 참고 내 이름을 위하여 견디고 게으르지 아니한 것을 아노라**(계 2:2-3)

처음 행위를 가지라는 것은 우리 노력이나 의지로 가지는 것이 아닙니다. 내가 스스로 하나님의 자리에 올랐기 때문에, 내게 내리쬐던 아가펜 프로텐이 차단되어 버렸습니다. 내가 다시 하나님을 하나님으로 모시고 하나님을 내 인생의 과녁판으로 삼으면 마치 창문에 쳤던 암막을 걷어내는 것과 같아서 하나님의 아가펜 프로텐이 다시 임하게 되는 것입니다. 그러므로 그 아가펜 프로텐을 힘입어서 처음 행위, 새로웠던 그 삶으로 되돌아가라는 것입니다. 이것을 한마디로 얘기하면 주님의 말씀대로 살라는 것입니다. 요한복음 14장 21절입니다.

—— 나의 계명을 지키는 자라야 나를 사랑하는 자니 나를 사랑하는 자는 내 아버지께 사랑을 받을 것이요 나도 그를 사랑하여 그에게 나를 나타내리라(요 14:21)

본문 2절, 3절에 나타나 있는 그 새로운 모든 구체적인 삶을 한마디로 표현하면 주님의 말씀대로 살았더니 그런 모양의 삶이 된 것입니다. 그러니까 우리가 아무리 종교적인 열성을 많이 가지고 있어도 우리 믿음의 대상이신 주님의 말씀대로 살지 않으면 그것은 믿음일 수 없다는 말이 되는 것입니다. 5절입니다.

—— 그러므로 어디서 떨어졌는지를 생각하고 회개하여 처음 행위를 가지라 만일 그리하지 아니하고 회개하지 아니하면 내가 네게 가서 네 촛대를 그 자리에서 옮기리라(계 2:5)

'너희들이 계속 교만하게 하나님의 자리에 앉아서 너희들 욕망 자체를 너희 인생의 과녁판으로 삼는다면 내가 가서 촛대를 옮길 것이다' 하십니다. 왜입니까? 그런 교회는 하나님의 빛의 통로가 될 수 없기 때문입니다. 바꾸어 말하면 무슨 말입니까?

'너희들이 하나님을 과녁판으로 삼고 하나님의 아가펜 프로텐 속에서 바른 삶으로 응답을 계속하기만 하면 너희들은 계속해서 나의 빛의 통로 금 촛대로 쓰임 받게 될 것이야'라는 말입니다. '너희들 학력, 재산이 아니라 너희들을 구원한 나의 아가펜 프로 텐에 의해서 그렇게 될 거야' 그 말씀입니다. 여러분, 우리는 주 님의 이 약속의 말씀이 성경 안에서 다 성취되는 것을 봅니다.

아가펜 프로텐을 입은 이방 여인

성경에 모압 여인 룻이 있지 않습니까? 이스라엘 사람들은 이방 사람들을 짐승보다도 못한 존재로 여기지 않았습니까? 그 런데 그 모압 여인이 모압으로 이민 온 유대인 남성과 결혼해서 유대인의 며느리가 됩니다. 그래서 시어머니를 모시고 살면서 여 호와 하나님을 알고 그 여호와 하나님의 아가펜 프로텐을 입게 됩니다. 자, 시아버지 돌아가셨습니다. 남편 죽었습니다. 시아주 버님 돌아가셨습니다. 그러니까 집에는 여자만 남았습니다. 시어 머니와 자기 동서만 남았습니다. 시어머니가 자기 고향 이스라엘 땅 베들레헴으로 되돌아가면서 두 모압 여인에게 '너희들 너희 고향 땅에서 새로 가정을 꾸리거라' 합니다. 동서 오르바는 사양 하다가 자기 집으로 갔습니다. 그런데 룻은 뭐라고 했습니까? '어머님의 하나님이 내 하나님이고 어머님이 죽는 곳에서 내가 죽겠습니다.' 그 어머니를 따라가면 홀시어머니 섬기고 고생문이 훤하지만, 그 하나님의 아가펜 프로텐을 입고 나니까 그 하나님을 믿는다는 삶 자체가 손과 발을 다해서 노동으로 섬기는 삶이고 어떤 도전도 견디는 것을 알았기 때문에 그 어머니를 따라가는 것입니다. 그 어머니가 그 효성에 감복해서 베들레헴 땅으로 돌아간 뒤 자신이 주선시켜서 개가를 시켜 주지 않습니까? 그래서 보아스라는 새 남편 사이에서 아이를 얻었습니다. 아이를 낳으면 산모에게는 아이를 보호하고자 하는 동물적인 모성 본능이 있지 않습니까? 그런데 이 룻은 홀시어머니, 그 아들도 죽고 남편도 죽은 그 홀시어머니가 아이를 양육하는 희열을 맛보게끔 하기 위해서 시어머니 품에 아이를 안기고 양육하게 했습니다. 그랬더니 동네 사람들이 시어머니, 그 나오미가 아들을 얻었다 합니다. 아들이라는 히브리 단어는 손자라는 말도 됩니다. 그러니까 손자를 얻었다 그 말입니다. 룻기 4장 17절이 이렇게 증언합니다.

—— **그의 이웃 여인들이 그에게 이름을 지어 주되 나오미에게 아들이 태어났다 하여 그의 이름을 오벳이라 하였는데 그는 다윗의 아버지인 이새의 아버지였더라**(룻 4:17)

여러분, 이 구절의 의미를 아시겠습니까? 지금 태어난 아이는 오벳이라는 핏덩이 아이밖에 없습니다. 그런데 성경은 우리의 시선을 어디로 끌고 갑니까? '얘들아, 잘 봐. 룻이라는 이 사람이 하나님을 과녁 삼고 그 하나님의 아가펜 프로텐 속에서 살았을 때 하나님께서 룻으로 하여금 오벳을 낳게 했는데 이 오벳이 자라서 이새를 낳고 그 이새가 낳은 사람이 바로 이스라엘 역사를 새롭게 한 다윗이야.' 이렇게 끝납니다. 아가펜 프로텐 속에서 주님께 바른 삶으로 응답하는 사람은 그가 세상을 떠난 뒤에도 세상을 새롭게 하는 하나님의 촛대로 쓰입니다. 성경이 이렇게 우리에게 웅변하는 것입니다. 이렇게 설명하고도 룻기가 한 번 더 강조합니다. 마지막 단락, 4장 18절에서 22절입니다.

—— **베레스의 계보는 이러하니라 베레스는 헤스론을 낳고 헤스론은 람을 낳았고 람은 암미나답을 낳았고 암미나답은 나손을 낳았고 나손은 살몬을 낳았고 살몬은 보아스를 낳았고 보아스는 오벳을 낳았고**(룻 4:18-21)

이제 태어난 것은 오벳입니다.

—— **오벳은 이새를 낳고 이새는 다윗을 낳았더라**(룻 4:22)

다윗에 의해 이스라엘 역사의 지평이 새로워졌는데 지금 핏덩이 오벳을 보여 주면서 새로워지는 이스라엘 지평을 보여 주는 것입니다. 여러분, 우리가 아무리 보잘것없는 존재라 할지라도 삼위일체 하나님을 과녁판으로 삼고 그분이 우리에게 쬐어 주시는 아가펜 프로텐을 힘입어서 바른 삶 새로운 삶으로 응답하기만 하면 주님께서는 우리가 세상을 떠난 뒤에도 우리의 삶의 족적으로 미래를 새롭게 하시는 하나님이신 것입니다.

아가펜 프로텐, 입증, 돌아섬

서두의 질문으로 되돌아가십시다. 첫째 질문입니다. 우리 왜 교회 다닙니까? 이유는 한 가지여야 합니다. 우리에게 아가펜 프로텐을 베풀어 주시는 하나님을 예배하면서, 그 아가펜 프로텐을 힘입어서 이 세상에서 아가펜 프로텐의 증인으로 살아갈 은혜를 매번 힘입기 위해서 나오는 것입니다. 그래서 우리가 교회 나와서 예배를 드릴 때마다 일주일의 한 고개를 아가펜 프로텐을 힘입어 넘어가면서 그 세월의 연륜이 거듭되어 갈수록 우리의 삶은 점점 더 하나님의 믿음의 작품으로 승화되어 가는 것입니다.

두 번째 질문, 우리에게 믿음은 무엇입니까? 교회 나가지 않던 사람이 주일날 교회 나가는 것입니까? 그것은 외형적인 변화입니다. 우리에게 있어서 믿음은 본질적인 새로움의 변화입니다. 그것은 주님께서 베풀어 주신 아가펜 프로텐에 바른 삶으로 응답하는 것입니다. 그것이 우리의 믿음입니다. 우리 믿음의 대상은 죽은 돼지를 좋아하는 그런 잡신이 아니라 당신 자신을 십자가의 제물로 내어놓으시고 우리에게 먼저 아가펜 프로텐을 베풀어 주신 은혜와 사랑의 하나님이십니다. 그 하나님에게 바르게 응답하는 삶을 사는 것이 곧 우리의 믿음입니다. 믿음을 헬라말로 '피스티스'(πίστις)라고 하는데 피스티스는 신실이라는 의미와 입증이라는 의미를 동시에 갖고 있습니다. 헬라말에는 믿음과 신실이 구별되지 않습니다. 그래서 여러분들이 성경을 읽으시면서 믿음이라는 단어가 나올 때 신실로 바꿔서 읽으시면 그 의미를 정확하게 아실 수 있습니다.

이를테면 '믿고 구하는 것은 다 받으리라' 합니다. 그래서 '기도하고 믿고 구했으니 다 주세요' 그러잖습니까? 그것이 아니고 '신실하고 구하면 다 받으리라'입니다. 신실한 사람은 헛것을 구하지 않습니다. 신실한 사람은 바르게 살기 위해서 기도합니다. 그런 기도는 언제든지 주님께서 응답해 주신다는 것입니다. 거기서 피스티스는 입증입니다. 내 믿음은 내가 입증하는 것입니다. 내 삶으로 입증하는 것입니다. 미신을 믿는 사람은 죽은 돼지 머리에 손을 비비면서 내 믿음은 미신이라고 자기 믿음을 입증합니다. 우리의 믿음은 아가펜 프로텐에 새로워진 바른 삶으로 응답하는 것이며 내 자신이 입증해야 되는 것입니다.

마지막 질문, 내가 주님을 믿으면서 새로운 삶을 살지 못한다면 그 이유는 무엇입니까? 예전에 처음 주님을 영접했을 때는 감격해서 새로운 삶을 살았는데 어느 순간 내가 예전의 삶으로 회귀해서 아무런 감격도 없다면 그 말은 무엇입니까? 내가 내 자신을 '휘시오오'해서 하나님이 되었기 때문입니다. 내 상황에 일이 생길 때마다 '어찌하여 당신이 이렇게 하시느뇨. 어찌하여 나를 이렇게 괴롭히시느뇨' 합니다. 내가 하나님이 되어 있는 것입니다. 여러분, 우리가 언제 하나님의 자리에 앉았는지 우리 지난 인생의 전 여정을 면밀하게 들여다보고 하나님을 향해 돌아서십시다. 하나님을 하나님으로 모십시다. 하나님을 내 인생의 과녁판으로 이제 변함없이 삼으십시다. 차단되었던 그분의 아가펜 프로텐이 그때부터 다시 내게 임하게 될 것이고 그 아가펜 프로텐을 힘입어 우리는 전혀 새로운 삶을 살게 될 것입니다. 그때 우리가 떠난 뒤에도 우리의 삶의 족적을 다가올 미래를 새롭게 하는 당신의 금 촛대로 주님께서 사용하실 것은 생각하는 것만으로도 가슴이 벅차지 않습니까? 기도하시겠습니다.

주님, 400년 넘게 노예살이하던 이스라엘 백성들에게 능력이 있어서 그들의 의지로 그들의 힘으로 해방을 맞지 않았습니다. 오직 하나님의 일방적인 아가펜 프로텐으로 그들을 해방시켜 주셨습니다. 그러나 그들은 인생의 위기를 맞을 때마다 욕망에 사로잡힐 때마다 자기 자신들을 '휘시오오', 부풀리고 하나님의 자리에 앉아 하나님을 과녁판 삼는 믿음을 스스로 내팽개쳐 버리고 말았습니다. 그러다가 그들은 광야에서 모두 죽어 이리저리 흩어져 버리고 말았습니다. 주님, 우리에게도 동일한 아가펜 프로텐을 베풀어 주시고 그 아가펜 프로텐을 힘입어 새로운 삶을 사는 감격도 주셨던 것 참 감사합니다. 그러나 되돌아보면 어느 순간엔가 우리 자신이 하나님의 자리에 앉아 스스로 하나님이 되어 하나님의 과녁판을 떼어 버리고 살아왔던 우리의 어리석음을 이제 보게 해주시는 것 정말 감사합니다. 주님, 우리의 이 무지를 용서해 주시기를 간구합니다. 이제 우리 두 팔을 벌리고 하나님을 향해 돌아섭니다. 이제부터 하나님을 온전히 하나님으로 모시고 하나님과 우리의 다름을 인정하고 삼위일체 하나님을 우리 인생의 과녁판으로 삼는 믿음의 행군을 변함없이 나아가게 해주시기를 간구합니다. 그리하여 매일 아침 해가 뜨듯이 우리에게 내리쬐어 주시는 하나님의 아가펜 프로텐을 힘입어 새로운 삶을 살게 해주시고, 새로운 삶으로 응답하는 우리의 삶의 족적이 다가오는 미래를 새롭게 하는 주님의 금 촛대로 쓰임 받는 아름다운 생명의 역사가 이 밤 이 자리에서부터 시작되게 하여 주시옵소서. 예수님의 이름으로 기도드립니다. 아멘.

예수께서 사두개인들로 대답할 수 없게 하셨다 함을 바리새인들이
듣고 모였는데 그 중의 한 율법사가 예수를 시험하여 묻되 선생님
율법 중에서 어느 계명이 크니이까 예수께서 이르시되 네 마음을
다하고 목숨을 다하고 뜻을 다하여 주 너의 하나님을 사랑하라 하
셨으니 이것이 크고 첫째 되는 계명이요 둘째도 그와 같으니 네 이
웃을 네 자신 같이 사랑하라 하셨으니 이 두 계명이 온 율법과 선
지자의 강령이니라(마 22:34-40)

성숙한 삶에 대해

오늘도 세 가지 질문을 먼저 드리는 것으로 시작하겠습니다. 첫 번째 질문입니다. 예수님께서 베드로후서 3장 18절을 통해 우리에게 이렇게 명령하십니다.

—— **오직 우리 주 곧 구주 예수 그리스도의 은혜와 그를 아는 지식에서 자라 가라**(벧후 3:18상)

"자라 가라"고 명령하십니다. 우리말 성경을 보면 "예수 그리스도의 은혜와 그를 아는 지식에서 자라 가라"라고 번역이 되어 있어서 얼핏 주님의 은혜와 주님을 아는 지식, 앎을 계속 키워 가라는 의미인 것처럼 보입니다. 그런데 우리말 성경에는 헬라어 원문에 기록되어 있는 '무엇무엇 안에'라는 의미의 전치사 '엔'(ἐν), 영어로 'in'이 빠져 있습니다.

헬라어 원문을 그대로 옮기면 '예수 그리스도와 그분을 아는 앎 속에서 네가 자라 가라'는 것입니다. 지식을 키워 가라는 것이 아니라 네 자신이 자라 가라는 것입니다. 믿음은 머릿속으로 지식을 늘려가는 지적 유희가 아니라 삶의 실천입니다. 그러므로 '네가 자라 가라', 그 말은 바꾸어 말하면 믿음이 자라 가라, 성숙해져 가라 이 말입니다. 그렇다면 도대체 믿음이 자라 간다,

성숙해져 간다는 의미는 무엇입니까? '우리 함께 믿음이 성숙해집시다'라고 말할 때에 여러분들은 그 단어를 어떤 의미로 규정하고 사용하고 계십니까?

두 번째 질문입니다. 오늘 이 밤에도 많은 분들이 모이셨는데 우리 주님께서 여기에 계신 분들 가운데에 한 분을 가장 으뜸으로 뽑아 내신다면 어떤 분이 으뜸으로 뽑힐 수 있겠습니까? 그동안에 하나님께 바친 헌금의 누적 액수가 제일 많은 사람입니까? 1년 열두 달 새벽기도회 한 번도 안 빠진 사람입니까? 교회 모든 봉사에 다 참여하는 사람입니까? 어떤 사람이 하나님 보시기에 으뜸일 수 있겠습니까?

세 번째, 마지막 질문입니다. 우리 그리스도인들의 인생 말년이 어떤 삶이어야 행복하고 아름다운 여생이 되겠습니까? 많은 사람들은 은퇴하고 나서 경제적인 여유로움과 편안함 삶을 누리는 것, 별장도 하나 갖고 여행 다니고 골프도 치고 무병장수하는 그런 여생을 소망합니다. 과연 그리스도인에게도 그와 같은 인생 말년이 복되고 행복한 여생이겠습니까?

어느 계명이 크니이까

오늘의 본문은 사두개인들이 예수님을 찾아가서 부활에 대한 논쟁을 걸었다가 일거에 제압당했다는 소식을 들은 바리새인들이 다시 예수님을 제압하기 위해서 논쟁을 거는 장면입니다. 34절에서 36절을 보시겠습니다.

—— **예수께서 사두개인들로 대답할 수 없게 하셨다 함을 바리새인들이 듣고 모였는데 그 중의 한 율법사가 예수를 시험하여 묻되 선생님 율법 중에서 어느 계명이 크니이까**(마 22:34-36)

당시 율법사는 오늘날 말로 신학박사입니다. 그들은 율법에 통달한 사람입니다. 그가 예수님께 질문을 던졌습니다. 선생님, 율법 중에 어느 계명이 제일 큽니까? 이 신학박사가 정말 율법 중에서 어느 계명이 제일 큰 계명인지 알고 싶어서 질문을 던진 것은 아니었습니다. 예수님을 시험에 빠뜨리기 위해서, 올무에 걸기 위해서 이런 질문을 던진 것입니다.

율법사들은 모세오경 율법서에서 모든 율법의 내용을 계명별로 분류를 해서 613개의 계명으로 나누었습니다. 그 613개의 계명 가운데에 무엇무엇 하라고 명령하신 적극적 의미의 계명을 248개, 무엇무엇 하지 말라고 명령하신 소극적인 의미의 계명을 365개로 분류했습니다. 그리고 이 613개 중에서 어느 계명이 제일 크냐고 그들끼리 늘 갑론을박을 벌이던 사람들입니다. 그러므로 예수님께서 그들이 613개로 분류한 계명 중에 '이 계명이 제일 커'라고 대답하는 순간 그 신학박사들은 예수님을 올무에 빠뜨릴 수 있었습니다.

이를테면 예수님께서 613개 계명 중에서 'A 계명이 제일 커' 그러면 '아니, 예수님. 그러면 B 계명은 안 크단 말입니까?'라고 반박할 수 있는 것입니다. 'C 계명이 제일 크다' 그러면 '아니, D 계명은요?'라고 반박할 수 있습니다. 그러니까 이것은 예수님께서 올무에 빠질 수밖에 없는 질문이었습니다. 그 질문에 대해서 예수님께서 이렇게 답변하십니다. 37절에서 38절입니다.

—— 예수께서 이르시되 네 마음을 다하고 목숨을 다하고 뜻을 다하여 주 너의 하나님을 사랑하라 하셨으니 이것이 크고 첫째 되는 계명이요(마 22:37-38)

예수님께서 그 질문에 대답하시되 예수님 당신의 말씀으로 대답하시지 않았습니다. 율법사, 그 신학박사들이 금과옥조로 삼고 있는 율법으로 대답하신 것입니다. 이 대답의 내용은 바로 신명기 6장 5절입니다. 신명기 6장 5절이 이렇게 증언합니다.

—— 너는 마음을 다하고 뜻을 다하고 힘을 다하여 네 하나님 여호와를 사랑하라(신 6:5)

만약에 주님께서 이 계명만 대답하시고 '이것이 첫째야'라고 끝내셨더라면 율법사는 다시 예수님을 칠 수 있었을 것입니다. '아니, 그 계명이 중요하다 해도 이 계명은 어떡할래요?' 그런데 예수님께서 거기에서 그치지 않았습니다. 예수님께서 계속해서 말씀하십니다. 39절입니다.

—— **둘째도**(마 22:39상)

이상합니다. '자, 첫째는 이거야' 그러면 둘째를 이야기할 때는 '둘째는'이라고 이야기해야 합니다. 그런데 '이것이 크고 첫째 되는 계명이요 둘째는'이 아닙니다.

—— **둘째도 그와 같으니**(마 22:39상)

이렇게 말씀하십니다. 그러니까 율법사가 반박할 수 있는 여지를 조금도 허락하시지 않습니다. 이 말씀의 의미는 뭐냐 하면 '내가 마음을 다하고 목숨을 다하고 뜻을 다해서 하나님을 사랑하는 것이 크고 첫째 되는 계명이라고 했는데 내가 둘째라고 이야기한다고 해서 둘째가 첫째보다 비중이 떨어지는 것이 아니라 둘째의 무게와 비중과 중요성도 첫째와 똑같으니' 이 말입니다. 그러니까 말의 어순상 '첫째', '둘째' 한다고 해서 어느 한 비중이 절대 떨어지지 않고 두 개의 중요성이 똑같다는 말입니다.

—— **네 이웃을 네 자신 같이 사랑하라 하셨으니**(마 22:39하)

이 말씀도 예수님의 말씀이 아닙니다. 이 말씀 역시 예수님께서 율법의 말씀을 인용하신 것입니다. 레위기 19장 18절 하반절 말씀입니다.

—— **네 이웃 사랑하기를 네 자신과 같이 사랑하라**(레 19:18중)

앞 장 이사야서 55장 말씀에서 '얘들아, 너하고 나하고 달라. 너 생각하고 내 생각 달라. 네가 일을 처리하는 방법, 수단과 나의 길은 달라'라고 하신 뒤 뭐라고 말씀하십니까? '나 여호와의 말이다. 인간의 말 아니다. 가볍게 듣지 마라.' 여기에서도 똑같이 말씀하십니다. '이웃 사랑하기를 네 몸과 같이 하라. 이것은 인간의 말이 아니라 나 여호와 하나님의 말이다.' 이 말로 예수님께서 대답하신 것입니다. 하나님 사랑, 사람 사랑입니다. 그리고 40절에서 이렇게 결론을 맺습니다.

—— **이 두 계명이 온 율법과 선지자의 강령이니라**(마 22:40)

하나님 사랑, 사람 사랑

예수님께서 이 말씀을 하실 때에는 신약성경이 기록되지 않았습니다. 그러니까 이 시점에서 성경, 경이라고 하면 2,000년이 지나 우리가 구약이라고 부르는 그 경밖에 없었습니다. 그때에는 신약이 없으니까 구약이라는 말이 없습니다. 그냥 '경'입니다. 그런데 이스라엘 사람들이 그 경을 뭐라고 불렀습니까? '율법과 선지서'라고 불렀습니다. 왜냐하면 우리가 지금 구약이라고 부르는 구약 성경의 핵심이 율법서와 예언서로 이루어져 있지 않습니까? 그러니까 예수님께서 '이 두 계명이 온 율법과 선지자의 강령이다'라고 하신 것은 '이 두 계명이 하나님 말씀 성경의 핵심이다' 이렇게 말씀하신 것입니다.

주석을 덧붙이자면 하나님 사랑과 사람 사랑의 두 기둥 위에 하나님 말씀이라는 성경의 집이 지어졌습니다. 예수님을 올무에 빠뜨리려고 질문했던 신학박사들, 그들이 금과옥조로 삼는 율법으로 주님께서 완벽하게 대답하셨을 때 그들은 단 한마디도 하지 못했습니다. '하나님 사랑과 사람 사랑', 네 글자로 줄여서 '경천애인'이라고 하지 않습니까? 주님을 믿는다면 그리스도인의 삶이 '경천애인'으로 이루어져야 하는 것이 핵입니다.

여러분, 우리가 '주님을 믿는다'라고 할 때 그 믿음의 대상은 주님의 말씀입니다. 불교 신자는 부처님의 말씀을 믿습니다. 이

슬람 신자는 마호메트의 말씀을 믿습니다. 우리는 주님의 말씀을 믿는 것입니다. 하나님을 믿는다고 하면서 삼위일체 하나님의 말씀을 믿지 않으면 하나님 믿는 것 아닙니다. 그런데 하나님의 말씀은 창세기부터 요한계시록까지 한글 성경으로 1,700페이지가 넘습니다. 그 많은 말씀을 어떻게 컴퓨터처럼 머릿속에다 입력하고 그 말씀을 따라 살 수 있습니까? 쉽지 않습니다. 그래서 그 전체 말씀을 압축해서 '내가 하나님을 믿는 그리스도인이라면 핵심적으로 이것을 믿습니다'라고 고백하는 것이 사도신경입니다. 그래서 사도신경으로 우리가 신앙고백을 하지 않습니까?

그다음에 창세기부터 요한계시록까지 우리가 말씀을 따라 살아야 하는데 그 방대한 말씀을 따라 사는 그리스도인이라면 최소한도로 이런 윤리적인 삶을 살아야 된다고 하나님께서 우리에게 선포해 주신 대윤리장전이 십계명입니다. 그 십계명이 성경을 압축한 것입니다.

약 1,500년의 기간에 걸쳐서 하나님께서 약 서른 명을 동원해서 당신의 말씀을 기록하게 하셨습니다. 성경 말씀은 분명히 하늘로부터 주어진 말씀이지만 그 말씀을 기록한 사람은 영이신 하나님이 아니라 손을 지니고 있는 인간이었습니다. 그런데 그 방대한 성경 속에 하나님께서 직접 기록해 주셨다고 되어 있는 내용이 딱 한 군데 있습니다. 출애굽기 24장 12절을 보면 하나님께서 두 돌판에 십계명을 친히 기록해 주셨다고 되어 있습니다. 지금 개역개정 성경은 "친히 기록해주셨다" 이렇게 되어 있는데 얼마 전까지 우리가 사용하던 개역성경은 하나님께서 "친수로 기록하셨다"라고 합니다. 저는 그 번역이 훨씬 좋습니다.

앞에서 찰턴 헤스턴 주연의 〈십계〉 영화를 말씀드렸습니다만 그 윌리엄 와일러라는 감독이 참 뛰어난 분이십니다. 〈십계〉에서 모세가 돌판을 받는 장면 기억나십니까? 시내산 위에 하나님이 불꽃으로 나타나셔서 돌판에 1계명부터 써주시지 않습니까. 두 돌판을 주시는데 한 돌판은 1계명부터 4계명, 두 번째 돌판은 5계명부터 10계명입니다.

첫 번째 돌판

1계명 나 외에 다른 신을 두지 마라

2계명 우상을 만들지 말라

3계명 여호와의 이름을 망령되이 부르지 말라

4계명 안식일을 거룩하게 지켜라

이게 무엇입니까? 하나님 사랑 돌판입니다. 하나님을 사랑한다면 하나님을 사랑하는 사람의 삶 속에 최소한도 이런 삶은 체화되어야 합니다. 하나님 사랑입니다.

두 번째 돌판

5계명 네 부모를 공경하라

6계명 살인하지 마라

7계명 간음하지 마라

8계명 도둑질하지 마라

9계명 거짓 증언하지 마라

10계명 네 이웃의 것을 탐하지 마라

'네가 이웃을 사랑한다면 반드시 이런 윤리적인 삶이 수반되어야 한다', 즉 성경의 핵심이 하나님 사랑과 사람 사랑으로 구현되어 있고 그 핵심을 윤리대장전으로 받아들인 십계명 역시도 하나님 사랑과 사람 사랑으로 이루어져 있는 것입니다. 성경의 핵심이자 십계명의 핵심인 하나님 사랑과 사람 사랑을 알파벳 스물여섯 글자 가운데에 단 한 글자로 상징적으로 표현한다면 대문자 'X'(엑스)로 표현할 수 있습니다. 대문자 엑스는 두 개의 사선이 어긋 만나는데 어긋 만나는 접점을 기준으로 윗선의 길이와 아래선의 길이가 정확하게 일치해야 합니다. 윗선은 긴데 아랫선은 짧다거나 윗선이 짧고 아래선이 길면 대문자 엑스가 아닙니다. 똑같아야 합니다.

그러면 이제 여러분들 대문자 엑스를 머릿속에 그려 보십시다. 두 사선이 어긋 만나는 접점, 그 접점이 나입니다.

엑스로 상징되는 성경의 핵심

접점, 즉 나 위에 있는 엑스, 이것이 하나님 사랑입니다. 엑스의 윗부분에서 하나님의 사랑은 전부 나에게 집중됩니다. 여러분, 신앙은 나의 하나님으로 시작되는 것입니다. 하나님과 나 사이에 개인적인, 인격적인 관계가 맺어지지 않으면 그 하나님께 내 인생을 맡길 수 없습니다. 오늘 아침에도 왜 태양이 떴습니까? 나를 위해서입니다. 오늘 밤에 왜 별빛이 영롱하게 빛날 것입니까? 밤길을 걸을 나를 위해서입니다. 내가 산길을 걸을 때에 이름도 알지 못하는 꽃이 왜 그렇게 예쁘게 혼자서 피어 있습니까? 어느 날 내가 이 길을 걸어갈 줄 알고 하나님께서 나를 위해서 예비해 두신 꽃입니다. 모든 것이 나에게 집중됩니다. 그래서 우리는 그 하나님의 사랑을 찬양합니다. 그 하나님이 아가펜 프로텐으로 예수 그리스도의 십자가 보혈을 통해서 죄 가운데에, 방탕의 구렁텅이에 있던 우리를 건져 내어 주셨습니다. 그 하나님이 내 하나님이신 것입니다.

중요한 사실은 이것입니다. 윗부분만 있으면 하나님 사랑의 종점이 내가 됩니다. 즉, 내가 하나님 사랑의 종점입니다. 그것은 '마음을 다하고 뜻을 다하고 목숨을 다하여 네 하나님을 사랑하라 하셨으니 이것이 크고 첫째 되는 계명이요'만 있는 것입니다. 내가 그 하나님의 사랑을 깨달았다면, 그 하나님의 아가펜 프로텐이 나에게 임했다는 것을 내가 정말 안다면 어떻게 살아야 합니까? 접점, 내가 종점도 아니요 종착역도 아닌, 통로가 되는 것입니다. 그 하나님의 사랑의 길이만큼 사람을 사랑하는 것입니다. 내가 아무런 노력도 의지도 내 능력도 없음에도 불구하고 아가펜 프로텐으로 나를 핀셋으로 집어내듯 구원해 주신 그 하나님에게 진 사랑의 빚을 그 길이만큼 사람들에게 갚는 것입니다. 그래서 엑스의 윗부분과 엑스의 아랫부분이 정확하게 일치됨으로 인해서 성경의 핵심인 경천애인이 우리의 삶으로 구현될 수 있게 되는 것입니다.

엑스의 윗부분, 나를 사랑하시는 하나님의 사랑만 생각할 때에는 하나님은 나의 하나님이 되십니다. 하나님은 72억 인구 가운데에 나만 사랑하시고 나를 가장 사랑하십니다. 그런데 이 단계를 넘어서 내가 하나님 사랑의 통로가 되어서 엑스의 아랫부분, 사람 사랑으로 내 믿음이 확장되어 가기 시작하면 나의 하나님은 우리의 하나님이 되는 것입니다. 하나님은 나만 사랑하시는 분이 아닙니다. 미워서 어찌할 바를 모를 저 사람도 하나님이 사랑하시는 것입니다. 나는 사랑할 수 없지만 하나님이 그 사람을 사랑하시기에 엑스 윗부분, 그분에 대한 사랑의 채무감으로 그 사람을 사랑하는 엑스 아랫부분이 이루어지는 것입니다.

예수님께서 이 땅에 오셔서 우리에게 기도하는 법을 가르쳐 주시면서 '너희는 이렇게 기도하라'라고 하셨습니다. 이른바 '주기도문'이라고 불렀습니다. 그런데 그것이 적절치 않다고 해서 요즘은 '주님의 기도'라고 부르는 기도가 있습니다. 그 내용을 우리가 다시 한 번 보십시다.

주님의 기도와 엑스

하늘에 계신 누구 아버지입니까? 우리 아버지입니다. "이름이 거룩히 여김을 받으시오며 나라가 임하옵시며 뜻이 하늘에서 이루어진 것 같이 땅에서도 이루어지이다." 오늘날 누구에게입니까? "우리에게 일용할 양식을 주옵시고"입니다. 누가 누구에게? "'우리'가 '우리에게' 죄 지은 자를 사하여 준 것 같이." 누구 죄를? "'우리' 죄를 사하여 주옵시고." 누구를? "'우리를' 시험에 들게 하지 마옵시고."

'우리'가 몇 번 나옵니까? 여섯 번 나옵니다. 이 주님의 기도는 정말 깊은 의미를 담고 있지만 오늘 주제에서 볼 때 '주님께서는 너 개인의 하나님이 아니다', '하나님은 우리의 하나님이시다', 바로 나의 하나님이 우리의 하나님으로 확장되도록 가르쳐 주시는 기도입니다. 메시아가 이 땅에 오셨습니다. 당시의 모든 인간들도 나만 잘 먹고 잘살면 됩니다. 하나님은 전부 내 하나님입니다. 내 배만 부르면 되는 것입니다.

"오늘 우리에게 일용할 양식을 주옵시고." 우리에게 양식을 주시도록 우리 하나님에게 기도한다면 내 옆에 있는 사람이 배를 곯는데 내 배가 부르다고 괜찮을 수 있습니까? 내가 먹는 것을 나누어서 엑스의 아랫부분을 완성해야 되지 않겠습니까?

"우리 죄를 사하여 주옵시고." 나 혼자 아가펜 프로텐을 받은 것을 기뻐할 것이 아니라 아직도 죄 속에 빠져 아가펜 프로텐을 모르는 자에게 내가 어떻게 통로가 될 것입니까? 그를 위해서 내가 엑스의 아랫부분이 되어야 되는 것입니다. 그래서 이 주님의 기도는 나의 하나님이 우리의 하나님으로, 나만을 위한 믿음이 우리 모두를 위한 하나님으로, 엑스의 윗부분만 있던 믿음이 엑스의 아랫부분으로 확장되도록 해달라는 기도인 것입니다.

그렇다면 믿음이 자라 간다는 것은 무슨 말입니까? 믿음이 성숙해진다는 것은 무슨 말입니까? 여러분, 여러분들께서 교회에 아무리 헌금을 많이 하셔도, 여러분들께서 교회 나오셔서 아무리 봉사를 많이 하셔도 여러분 눈에 사람이 보이지 않으면 여러분은 아직 성숙한 그리스도인이 아닙니다. 바꾸어 말하면 여러분이 열심으로 봉사하는데, 엑스의 윗부분밖에 없다면 여러분은 여전히 나에게 갇힌 미숙한 그리스도인일 뿐입니다.

성숙한 믿음은 어느 순간에 우리 하나님으로 사람이 보이는 것입니다. 내 하나님이 저 사람의 하나님이기도 하고, 저 사람의 아픔이 내 아픔으로 느껴지고, 저 사람의 고독이 나의 뼈저린 고

독으로 느껴져서 '내가 저 사람을 위해서 이 미천한 나의 것으로 무엇을 해줄 수 있을까?'라고 엑스의 아랫부분이 생기기 시작할 때부터 믿음은 성숙해지는 것입니다. 왜입니까? 사람 사랑과 하나님 사랑이 선지자와 율법, 즉 온 성경의 핵심이고 그리스도인의 윤리대장전인 십계명의 핵심이기 때문입니다.

여러분, 예수님의 삶을 한번 보십시오. 예수님이 어떤 분이십니까? 엑스에서 접점을 예수님이라고 써보십시다. 하나님께서 예수님을 얼마나 사랑하셨는지 당신의 모든 것을 예수님에게 다 주시기까지 예수님을 사랑하셨습니다. 그래서 예수님에게 하나님은 나의 하나님입니다. 예수님께서 무엇이라 하셨습니까? '아버지께서 당신의 모든 것을 다 내게 주셨다.' '내가 아버지 안에 있고 아버지가 내 안에 있다.' 그분은 아버지의 유일한 독생자이십니다. 아버지의 모든 것이 그분에게 다 주어졌으니까 그분이 하나님입니다. 성자 하나님입니다. 그러니까 예수님에게 있어서는 하나님의 모든 것이 당신 것이고 성부 하나님이 성자 하나님을 이 세상에서 가장 사랑하시는 당신의 독생자로 세우셨으니 그 하나님은 언제나 나의 하나님이십니다.

그래서 예수님께서 십자가에 못 박혀 돌아가실 때 "엘리엘리 라마 사박다니" 하시지 않습니까? '나의 하나님 나의 하나님 왜 나를 버리십니까?' 나의 하나님이십니다. 그런데 예수님에게 엑스의 윗부분만 있었습니까? 아닙니다. 아버지께서 당신의 모든 것을 주셔서 당신의 독생자로 삼으시기까지 사랑하셨기 때문에 예수님께서는 그 아버지가 사랑하시는 사람들을 사랑하시기 위해서 당신을 십자가의 제물로 내어놓으셨습니다. 예수님에게는 엑스의 윗부분도 완벽하게 구현되어 있었고, 그 엑스의 윗부분만큼 엑스의 아랫부분도 그 삶 속에서 완벽하게 이루어져 있었습니다.

예수님을 한 글자로 기록할 때 뭐라고 기록하십니까? 예수님을 영어로 'Jesus Christ'라고 쓰는데 예수님을 한 글자로 기록할 때 'J'나 'C'로 기록하지 않고 'X'로 기록합니다. 왜 엑스로 기록합니까? 'Christ'는 영어이고 헬라어로는 그리스도를 '크리스토스'(Χριστός)라고 합니다. 헬라어로 크리스토스는 영어로 대문자 X, 헬라어 '키'(X)로 시작합니다. 그래서 우리는 은연중에 'X'로 씁니다. 예수님은 엑스이십니다. 우리는 누구입니까? 크리스천, 즉 크리스티아노스(Χριστιααανός)입니다. 우리가 크리스천이라고 할 때 'CIAN'이라고 쓰지 않고 'XIAN'이라고 씁니다. 무슨 뜻입니까? 예수님이 엑스의 삶을 사신 것처럼 우리 역시 엑스의 삶을 구현하는 그분의 제자가 되겠다는 것입니다. 그러니까 이 엑스가 구현되지 않는 한 우리는 성숙한 그리스도인으로 살 재간이 없습니다. 성숙한 그리스도인이 아니고는 엑스의 밑부분이 없기 때문입니다.

국내외를 막론하고 한인 그리스도인들 가운데에 소위 보수

신앙을 가졌다고 자처하시는 분들이 참 많습니다. 그분들이 존경받지 못합니다. 보수신앙을 가졌다고 자랑하시는 많은 분들에게 엑스의 윗부분밖에 없습니다. 대개 세상이 어떻게 돌아가든지 내 자식 잘되고, 외국 유학 보내어서 좋은 스펙 삼고, 내 사업 잘되고, 내 아파트 평수 넓히고, 내 자동차 좋은 것 사고, 공무원이면 관직이 올라갈 때 복 받았다고 간증합니다. 세상 사람들이 그런 크리스천 존경하지 않습니다. 그분들에게는 엑스 윗부분밖에 없기 때문입니다. 하나님은 언제나 내 하나님이라는 그런 신앙을 가진 사람들 사이에서 나의 하나님과 너의 하나님은 다릅니다. 왜입니까? 하나님은 열 사람이 있으면 열 사람 다 내 하나님이기 때문입니다. 그 말은 바꾸어 말하면 자기가 하나님이 되어 있는 것입니다.

국내외를 막론하고 이른바 '나는 진보신앙을 가지고 있다'라고 표방하는 사람들도 있습니다. 그분들도 존경받지 못합니다. 자기가 진보신앙을 가졌다고 주장하고 내세우는 분들은 엑스의 윗부분이 없습니다. 아랫부분만 있습니다. 사람들에게 관심은 있는데 이타적인 삶을 살고 싶은데 그 출발점이 엑스의 윗부분, 하나님이 아니라 엑스의 아랫부분 나 자신으로부터 시작됩니다. 그러니까 나의 정의와 너의 정의가 다릅니다. 나의 공의와 너의 공의가 다릅니다. 그래서 진보주의자들은 끊임없이 분열합니다.

그리스도인들은 보수주의자도, 진보주의자도 아닌, 엑스의 위와 아래가 정확하게 일치하는 예수쟁이들이어야 합니다. 그때 그 성숙한 그리스도인들을 통해서 엑스이신 예수의 생명이 전해지는 것입니다. 여러분, 바울의 삶을 한번 보십시오. 바울은 예수 믿는 사람들을 수색하고 체포하고 연행하고 투옥시키는 것을 천직으로 삼던 사람입니다. 그 사람이 성품이 나빠서, 태어날 때부터 포악해서가 아닙니다. 엑스의 윗부분. 하나님을 사랑하는 것밖에 몰랐습니다. 하나님이 어떤 분인지 모르고, 유대 율법주의가 만들어 낸 허상의 하나님에 자기 인생을 바친 젊은이였습니다. 그 하나님을 위해서 그는 사람들을 체포하고 박해하는 것을 조금도 거리끼지 않았습니다.

바울의 일생과 엑스

그 바울이 예루살렘에서 213킬로미터나 떨어져 있는 다마스쿠스의 그리스도인들까지 체포하려 대제사장으로부터 영장을 받아서 잡으러 가다가 그 길 위에서 빛으로 임하신 예수 그리스도를 만나지 않습니까? 아가펜 프로텐이 그에게 임하신 것입니다. 그 순간에 바울이 땅바닥에 고꾸라졌습니다. 그 장면을 사도행전 9장 4절에서 5절이 이렇게 증언합니다.

—— 땅에 엎드러져 들으매 소리가 있어 이르시되 사울아 사울아 네가 어찌하여 나를 박해하느냐 하시거늘 대답하되 주여 누구시니이까 이르시되 나는 네가 박해하는 예수라(행 9:4-5)

바울은 크게 두 가지 사실을 깨달았습니다. 자기가 부정했던 나사렛 예수가 이 땅에 임하셨던 메시아라는 것입니다. 그분이 예수쟁이들이 증언하는 대로 정말 부활하신 그리스도시라는 것을 첫째로 알았고, 하나님을 사랑하는 것은 사람을 사랑하는 것이라는 것을 두 번째로 알았습니다. 이때까지 바울은 한 번도 예수님을 핍박해 본 적이 없습니다. 아예 예수님을 부정하던 사람이었기 때문입니다. 바울이 핍박한 대상은 사람들이었습니다. 예수님을 믿는 사람들이었습니다. 그런데 예수님께서는 그 사람과 당신을 동일시하셨습니다. '네가 왜 나를 핍박하느냐?' 그 말은 바꾸어 말하면 내가 그리스도의 이름으로 누군가를 사랑하는 것이 주님을 사랑하는 것임을 바울이 안 것입니다. 이 이후로 바울의 일생을 한 글자로 표현하면 무엇이 됩니까? 엑스입니다. 주님께서 아가펜 프로텐으로 바울을 건져 주신 것, 엑스의 윗부분입니다.

여러분, 바울이 다메섹 도상에서 주님의 그 아가펜 프로텐의 구원의 은혜를 입을 때 바울 혼자 있었던 것이 아닙니다. 분명히 그 자리에는 바울의 일행이 있었습니다. 그런데 하나님의 아가펜 프로텐은 정확하게 핀셋으로 집어내듯이 바울에게만 딱 임하셔서 그를 불러내셨습니다. 바울이 제일 윤리적이었기 때문에, 도덕적이었기 때문이 아닙니다. 바울은 지금 예수 믿는 사람 체포해서 예루살렘 감옥에 투옥시키려는 그 체포조의 우두머리입니다. 그런데 주님께서 불러내신 것입니다. 그 하나님의 사랑에 빚진 자로서, 그 빚을 일평생 사람들에게 갚기 위해서, 바꾸어 말해서 엑스의 아랫부분을 위해서 바울은 자기 생을 걸었습니다. 로마서 1장 14절입니다.

──── **헬라인이나 야만인이나 지혜 있는 자나 어리석은 자에게 다 내가 빚진 자라**(롬 1:14)

바울이 그렇게 일평생 지중해 세계를 누비고 다녔던 것은 하나님에게 진 사랑의 빚을 사람에게 갚기 위해서, 바꾸어 말해서 엑스의 아랫부분을 위함입니다. 바울의 이 엑스가 얼마나 폭이 넓은지 지혜 있는 자나 어리석은 자나 헬라인이나 야만인이나 나는 다 하나님의 사랑을 빚진 자이기에 그들을 사랑하며 산다고 합니다.

여러분, 헬라인은 당시에 문명인을 의미합니다. 야만인은 그야말로 짐승 같은 사람을 말합니다. 자기 교회에 대한 긍지가 커서 자기 교회를 다른 분들에게 소개하고 자랑할 때 '우리 교회는 수준 있는 사람들만 모였어'라고 하는 분 계시지 않습니까? 여러분, 단언합니다. 그것은 교회 아닙니다. '우리는 어느 정도 돈 있고 연봉 얼마 되는 사람들만 모였어', '우리는 지적으로 이 정도 되는 수준 있는 사람만 모였어'라고 하면 X의 두 선이 있는 게 아니라 하나의 선만 있는 것입니다. 그것은 교회 아닙니다. 교회는 보편적인 교회이어야 하는데 보편적인 교회(universal church)라고 하는 것은 소득수준, 지역, 이념, 학력 모든 것을 초월해서 남녀노소 빈부귀천이 그리스도 때문에, 그리스도 안에서 한데 어우러지는 교회이어야 합니다.

바꾸어 말하면 엑스의 아랫부분이 구현되는 교회가 참 교회입니다. 그런데 '우리는 수준 있는 사람끼리 모여 있으니까 네가 오면 아마 수준에 맞을 거야'라고 하면 바울은 이렇게 이야기했을 것입니다. '나는 헬라인과 지혜 있는 사람들과 세상에서 고관대작에게 빚진 자다.' 바울은 석학이었고 배운 것이 많은 사람이지만, 어리석고 지혜 없고 야만인인 그런 사람들에게도 빚진 사람으로 엑스를 그려 갔습니다. 여러분, 그 바울이 엑스의 삶을 살다가 참수형을 당해 죽지 않았습니까? 그리고 2,000년이 지났습니다. 요한계시록 2장 1절에서 5절의 말씀처럼 2,000년이 지난 지금까지 주님께서는 바울의 그 삶의 족적을 금 촛대로 쓰고 계시지 않습니까? 이유는 하나입니다. 바울이 그려 갔던 엑스의 삶 때문입니다. 성경의 핵심, 성숙한 삶의 핵심이 엑스의 삶을 그리는 것이고 하나님을 사랑하는 만큼 사람을 사랑하는 것임을 알고 나면, 마태복음 19장에 등장하는 부자 청년의 이야기와 거기에 이어지는 마태복음 20장 포도원 품꾼 비유 이야기의 메시지를 정확하게 이해하게 됩니다.

부자 청년에게 없었던 것

마태복음 19장에는 돈이 많은 부자 청년이 등장합니다. 젊은 청년이 돈이 많다고 하는 것은 그때 아이티(IT) 산업이 있었겠습니까, 벤처 기업 분위기가 있었겠습니까. 그 목축 사회에서 돈이 많다는 것은 유산을 많이 받은 청년인 것입니다. 이 청년이 와서 예수님께 당당하게 질문합니다. '주님, 내가 어떤 선한 일을 해야 영생을 얻을 수 있습니까?' 율법사가 예수님에게 '율법 중에 어느 계명이 제일 큽니까?'라고 물은 것이 정말 답을 얻기 위해서가 아니라 주님 앞에서 자기를 과시하기 위함이었던 것처럼 이 청년도 정말 답을 얻기 위함이 아니라 자기를 과시하기 위해서 질문을 던지는 것을 예수님께서 아셨습니다.

그 청년은 '주님, 나 얼마나 하나님 잘 믿는 줄 알아요?'라고 그 질문을 던지는 것으로 자기 과시를 대신한 것입니다. 그래서 예수님께서 '그래, 그러면 하나님의 계명을 지켜라' 하시자 또 청년이 이렇게 말합니다. '대체 어떤 계명 지키란 말입니까?' 그 이야기는 '아이, 내가 하나님 얼마나 잘 믿는데, 내가 하나님 계명 얼마나 잘 지키는데 무슨 계명 지키라는 말인가요?' 이 말 아니겠습니까? 예수님께서 마태복음 19장 18절,19절을 통해 이렇게 답하셨습니다.

—— 예수께서 이르시되 살인하지 말라 간음하지 말라 도둑질하지 말라 거짓 증언 하지 말라 네 부모를 공경하라 네 이웃을 네 자신과 같이 사랑하라 하신 것이니라(마 19:18상-19)

예수님께서 말씀하신 이게 무엇입니까? 십계명의 사람 사랑 계명입니다. 살인하지 말라, 6계명. 간음하지 말라, 7계명. 도둑질하지 말라, 8계명. 거짓 증언 하지 말라, 9계명. 네 부모를 공경하라, 5계명. 네 이웃을 네 자신과 같이 사랑하라. 이것은 마태복음 22장에 있는 그 말씀, 즉 레위기에 있는 그 말씀으로 사람 사랑을 강조하신 것입니다. 그러니까 이 예수님의 말씀이 무슨 의미입니까? '청년아, 네가 하나님을 잘 믿는다고 나한테 와서 네 신앙을 그렇게 과시하는데 내가 보니 너한테 사람 사랑이 없다. 네 눈에는 지금 사람이 안 보여.' 오늘의 주제로 이야기하자면 '네 신앙에는 엑스의 윗부분만 있고 아랫부분이 없다. 너는 지금부터 엑스의 아랫부분을 네 삶 속에서 구현해야 돼.' 이 말인 것입니다. 마태복음 19장 20절입니다.

—— **그 청년이 이르되 이 모든 것을 내가 지키었사온대 아직도 무엇이 부족하니이까**(마 19:20)

여러분, 이 청년이 이렇게 대답했다고 하는 이 사실 자체로 이 청년이 사람 사랑의 계명을 정말로 지킨 사람입니까? 안 지킨 사람입니까? 안 지킨 사람입니다. 사람 사랑의 계명을 지키면서 사는 사람은 죽을 때까지 '내가 이 계명 다 지켰습니다'라고 말하지 못합니다. 인간의 의지나 능력만으로는 절대 다 지키지 못합니다. 우리는 죄성을 지녔기 때문입니다. 하나님의 아가펜 프로텐에 의해서만 할 수 있습니다. 그래서 지키는 사람은 늘 자기의 부족함을 더 확인합니다. 그래서 더 주님의 은혜를 구합니다. 은혜 속에서만 그런 삶을 살 수 있는 것을 압니다. 그래서 절대로 내가 지켰다고 말 못합니다. 이 청년은 '주님, 그 정도 계명은 다 지켰습니다'라고 어떻게 이렇게 당당하게 대답할 수 있었습니까? 돈이 많기 때문입니다.

여러분, 잘 들으십시오. 돈 많은 사람들은 돈으로 사람을 사랑할 수 있다고 생각합니다. 돈 많은 사람은 마음이 찢어지는 아픔에 한 번도 동참하지 않고 돈으로 그 아픔을 치유해 줄 수 있다고 생각합니다. 그래서 저는 각기 다른 가난한 사람으로부터

'부자들은 돈과 함께 상처를 줍니다'라고 여러 번 이야기를 들었습니다. 왜입니까? 부자들 눈에는 사람이 안 보입니다. 내가 베푼 것만 보입니다. 이 부자 청년이 돈이 많으니까 얼마나 많이 베풀었겠습니까? 그러니까 '어, 사람 사랑 저 다했습니다. 저는 완벽하게 했습니다. 그런데 뭘 또 하라고 그럽니까?'라고 합니다. 마태복음 19장 21절입니다.

—— **예수께서 이르시되 네가 온전하고자 할진대 가서 네 소유를 팔아 가난한 자들에게 주라 그리하면 하늘에서 보화가 네게 있으리라 그리고 와서 나를 따르라 하시니** (마 19:21)

사람 사랑 계명을 다 지켰다고 호언장담하는 이 청년에게 예수님께서 '너, 가서 네 소유를 팔아서 가난한 자들에게 먼저 주라. 그리고 와서 나를 따르라'라고 하십니다. 여러분, 무슨 말이겠습니까? 주석을 가하자면 이런 말입니다. '청년아, 네 눈에는 아직도 사람보다 돈이 귀하구나. 하나님께서 젊은 너에게 돈을 많이 맡기신 것은 그 돈을 섬기라고 준 것이 아니라 그 돈을 사람을 사랑하는 도구로 사용하라고 너에게 맡기신 것이야. 그러므로 네가 지금 절대적인 가치를 두고 있는 그 돈보다 사람을 더 중요하게 여기는 사람이 되고 나를 따라와라. 그래야 내 말을 알아들을 수 있다. 그리해야 하늘에서 보화가 네게 있을 것이다.'

하늘의 보화는 세상의 보화가 아닙니다. 여러분, 지금 우리 코끝에서 딱 호흡이 끝났다 합시다. 그때 우리가 만약에 하늘의 보화를 센다고 한다면 무엇으로 계산되겠습니까? '하나님, 저 시티은행에 100만 불 예금 있고, 어디 적금 있고, 부동산 증서 있고…….' 그게 그대로 하늘 보화로 가겠습니까? 아닙니다. 하늘 보화는 사람 사랑으로 쌓이는 것입니다. 엑스의 아랫부분이 얼마나 긴가, 이것이 하늘 보화입니다.

—— 그 청년이 재물이 많으므로 이 말씀을 듣고 근심하며 가니라

(마 19:22)

이 청년이 지금 만난 사람이 누구입니까? 여러분, 현자를 만난 게 아닙니다. 멘토를 만난 게 아닙니다. 생명이신 예수를 만났습니다. 예수를 만나서 질문했고, 주님으로부터 생명의 대답을 들었습니다. 그런데 그 대답보다 돈이 더 귀합니다. 여러분, 오늘날 그리스도인이 그렇지 않습니까? 하나님 믿고 하나님 사랑한다고 하면서 가슴에 손을 얹고 생각을 해보십시다. 돈 더 사랑하지 않습니까? 그래서 이 청년은 주님을 만나 놓고 주님을 등지고 갑니다. 어떤 상황입니까? 근심에 쌓여서 갑니다.

발앞에 내려놓는 재물

사도행전 4장 32절에서 35절이 이렇게 증언합니다. 초대교회의 특성을 전해 주는 내용인데 우리가 잘 아는 내용입니다.

—— **믿는 무리가 한마음과 한 뜻이 되어 모든 물건을 서로 통용하고 자기 재물을 조금이라도 자기 것이라 하는 이가 하나도 없더라**(행 4:32)

초대교인들은 돈보다 사람을 중요하게 여겼습니다. 그래서 무슨 재물이 있든지 다 내어놓고 유무상통했습니다. 어떻게 이렇게 할 수 있었습니까? 33절에서 35절입니다.

—— **사도들이 큰 권능으로 주 예수의 부활을 증언하니 무리가 큰 은혜를 받아 그 중에 가난한 사람이 없으니 이는 밭과 집 있는 자는 팔아 그 판 것의 값을 가져다가 사도들의 발 앞에 두매 그들이 각 사람의 필요를 따라 나누어 줌이라**(행 4:33-35)

초대교회 교인들은 돈보다 사람을 중요하게 여겨서, 자신들의 재물을 다 팔아서 사람들을 사랑하는 수단으로 삼았습니다. 그러니까 그들은 주님의 아가펜 프로텐을 받은 이 엑스의 윗부분의 종착역이 아니라 각자 통로가 되어서, 그들이 가진 재물을 수단 삼아서 엑스의 아랫부분을 그려 간 것입니다. 그런데 중요한 사실은 이들이 자기들의 밭을 팔고 집을 팔아서 돈으로 바꾸어 사도들의 손에 쥐여줬다가 아닙니다. 발앞에 내려놓습니다. 이 교인들이 집을 팔아서 거금을 가져오니까 사도들이 '아이코, 이 큰 금액을 헌금하다니' 하면서 손으로 안 받았습니다. 발앞에 내려놨습니다. 여러분, 우리가 신앙인으로 살아간다고 하는 것은 우리가 관계 맺는 모든 사람, 모든 것과의 위치를 바르게 설정하는 것입니다.

하나님, 우리의 머리 위에 계셔야 합니다. 사람, 우리 앞에 있어야 합니다. 대등해야 합니다. 물질, 내 발 밑에 있어야 합니다. 물질, 이것은 수단입니다. 오늘날 그리스도인은 어떻습니까? 물질이 머리 위에 있습니다. 사람, 발 밑에 있습니다. 사람이 물질을 위한 도구입니다. 거꾸로 되어 있습니다. 사람을 위한 도구가 발 밑에 있어야 되는데 돈이 머리 위에 주인이 되고, 그 돈을 지키고 늘리기 위한 도구로 사람들이 발 밑에 있습니다. 하나님은 어디 계십니까? 가끔은 내 앞에 계시다가 더 자주는 내 밑에 계십니다. 앞서 이스라엘 백성들 보십시다. '어찌하여 이런 곳에 데리고 와서, 이집트에는 매장지가 없느뇨?' 여러분, 하나님을 내 머리에 모시고, 사람을 대등하게 내 앞에 두고, 물질을 내 발 밑에 둘 때 하나님의 그 인격이 나를 타고 내려서 물질로 내려갑니다. 그때 생명이 없는 그 물질이 나의 인격을 대변하는 인격의 통로가 되어서 사람을 살리는 도구가 됩니다.

그런데 비인격적인 물질을 내 머리에 두니까 그 비인격성이 나를 지배합니다. 비인격성의 노예가 된 내가 사람을 사람으로 보겠습니까? 내 삶 속에서 엑스의 아랫부분이 구현되겠습니까? 비인격적인 내가 하나님을 하나님으로 모시겠습니까? 이 부자 청년이 예수님을 만나고서도 그 예수님을 머리 위에 모시지 못하고 자기가 그동안 주인으로 모셨던 돈을 머리 위에 이고 여전히 근심하면서 돌아갔습니다. 여러분, 우리의 근심은 모두 매사를 바른 위치로 설정하지 못한 데서 일어납니다. 오늘부터라도 하나님을 머리 위에 모시고, 사람을 내 눈앞에 두고, 물질을 내 발 아래에 두는 바른 위치를 설정하면 그 근심은 없어지는 것입니다.

마태복음 19장 23절에서 24절입니다.

—— **예수께서 제자들에게 이르시되 내가 진실로 너희에게 이르노니 부자는 천국에 들어가기가 어려우니라 다시 너희에게 말하노니 낙타가 바늘귀로 들어가는 것이 부자가 하나님의 나라에 들어가는 것보다 쉬우니라 하시니**(마 19:23-24)

오늘날 교회가 더 이상 거론하지 않는, 거의 사장된 주님의 말씀입니다. 오늘날 교회가 세속화되어서 돈 많은 부자들에게

다 면죄부를 줬습니다. 돈만 내면 신앙이 좋은 것으로 다 치부되게 되었습니다. 주님께서는 그렇게 말씀 안 하셨습니다. '부자는 천국 가기 어렵다, 낙타가 바늘귀로 들어가는 것이 부자가 천국 가는 것보다 더 쉽다' 하셨습니다. 왜 그렇습니까? 지금까지 살펴보았듯 대부분의 부자는 돈의 가치를 사람보다 더 귀하게 여기기 때문입니다. 돈의 가치를 사람보다 더 귀하게 여기는 한 엑스의 아랫부분은 구현되지 않습니다. 그래서 천국 가기 어렵습니다. 제자들이 그 말 듣고 깜짝 놀랐습니다. 그 당시 제자들도 돈 많은 사람들은 천국 좋은 자리를 차지할 거라고 생각했기 때문입니다. 그래서 제자들이 물었습니다. '그럼 도대체 누가 천국 갈 수 있습니까?' 예수께서 19장 26절에서 이렇게 말씀하셨습니다.

—— **예수께서 그들을 보시며 이르시되 사람으로는 할 수 없으나 하나님으로서는 다 하실 수 있느니라**(마 19:26)

부자는 절대로 못 들어갑니다. 그러나 그 부자에게 하나님의 아가펜 프로텐이 임하면, 그 부자가 자기에게 임하신 하나님의 아가펜 프로텐에 바르게 응답하면 얼마든지 가능합니다. 그러면서 마태복음 19장이 이렇게 끝납니다. 19장 30절입니다.

—— 그러나 먼저 된 자로서 나중 되고 나중 된 자로서 먼저 될 자가 많으니라(마 19:30)

'으뜸인 자가 꼴찌가 되고 꼴찌이던 자가 으뜸이 될 경우가 많이 있을 것이다' 이게 무슨 말씀입니까? 왜 마태복음 19장이 이렇게 끝납니까? 이 말씀을 설명해 주시기 위한 내용이 마태복음 20장 포도원 품꾼 비유입니다. 마태복음 20장 1절입니다.

—— 천국은 마치 품꾼을 얻어 포도원에 들여보내려고 이른 아침에 나간 집 주인과 같으니(마 20:1)

포도원 품꾼과 하나님 나라

여러분, 이 구절을 잘 보십시오. 이 구절과 관련된 여러 책들을 보면 '천국은 포도원이다' 이렇게 해설을 합니다. 그런데 주님께서는 분명히 천국은 포도원이 아니고 '그 포도원 집 주인이다' 이렇게 이야기하셨습니다. 사람들은 흔히 천국이라고 하면 어떤 공간으로 생각합니다. 천국은 공간이 아니라 포도원 주인, 하나님이십니다. 그러니까 하나님께서 계시면 초가삼간도 천국이고 하나님 계시지 않으면 십자가 달린 아방궁도 천국과 무관한 것입니다.

그 집주인, 포도원 주인 하나님이시죠. 하나님께서 자기 포도원을 위해서 품꾼을 구하러 나가셨습니다. 제일 먼저 새벽 6시, 아침 9시, 아침 12시 나가서 만나는 품꾼들을 '다 내 포도원에서 하루 일해라. 하루 한 데나리온이야'라고 데려왔습니다. 오후 3시에 나갔습니다. 그런데 그때 일 없이 놀고 있는 사람들이 있었습니다. 그래서 '내 포도원에 가서 일해라' 하셨습니다. 오후 5시가 되었습니다. 이제 6시면 일이 끝나는 것입니다. 그런데 그때까지 일하지 않는 사람을 이 포도원 주인이 또 만났습니다. 포도원 주인이 물었습니다. '아니, 당신네들은 이 시간까지 왜 일하지 않고 놀고 계시오?' 그들이 대답하기를 '주인님, 우리 일하고 싶습니다. 그런데 우리를 써주는 데가 없습니다. 그래서 지금 이렇게 하루 종일 공치고 있습니다' 그랬더니 주인이 '그러면 내 포도원으로 들어가서 일하세요'라고 했습니다. 그 사람들은 한 시간만 일했습니다.

저녁 6시가 되어서 품삯을 계산할 때입니다. 주인이 자기 청지기를 불렀습니다. 오후 5시에 와서 한 시간만 일한 사람에게 한 데나리온씩 주게 하는 것입니다. 그러니까 새벽에 왔던 사람이 보니까 오후 5시에 와서 한 시간밖에 일하지 않은 사람이 한 데나리온을 받으니까 이 사람은 속으로 쾌재를 부르지 않았겠습니까? '한 시간 일하고 한 데나리온을 받으니까 나처럼 하루 종일 일한 사람은 분명히 인센티브를 받겠구나.' 그런데 오후 3시에 온 사람도 한 데나리온, 12시, 9시, 뿐만 아니라 새벽에 온 자기도 한 데나리온밖에 안 준다 말입니다. 20장 12절입니다.

—— **나중 온 이 사람들은 한 시간밖에 일하지 아니하였거늘 그들을 종일 수고하며 더위를 견딘 우리와 같게 하였나이다**(마 20:12)

제일 먼저 온 사람들이 주인에게 불만을 터트렸습니다. '아니, 저 한 시간 일한 사람 한 데나리온 주려면 우리한테 인센티브 줘야지. 보너스 줘야지. 도대체 이게 무슨 경우입니까?' 20장 13절에서 14절입니다.

—— **주인이 그 중의 한 사람에게 대답하여 이르되 친구여 내가 네게 잘못한 것이 없노라 네가 나와 한 데나리온의 약속을 하지 아니하였느냐 네 것이나 가지고 가라 나중 온 이 사람에게 너와 같이 주는 것이 내 뜻이니라**(마 20:13-14)

'여보시오. 내가 당신하고 계약을 어겼나요? 내가 당신하고 새벽에 만나서 새벽부터 저녁까지 일하고 내가 한 데나리온 준다고 당신하고 구두계약 하지 않았나요? 내가 지금 계약 내용대로 한 데나리온 주지 않습니까? 내가 한 시간 일한 저 사람한테 한 데나리온 주는 건 당신하고 별개요. 저 사람한테 한 데나리온 주는 것은 내 특별한 뜻으로 주는 것이고 당신한테는 난 계약 내용 다 지켰소.' 20장 15절입니다.

—— **내 것을 가지고 내 뜻대로 할 것이 아니냐 내가 선하므로 네가 악하게 보느냐**(마 20:15)

'여보시오. 내가 지금 한 시간 일한 저 사람에게 저 한 가족이 하루 먹고 살 양식 값 한 데나리온을 주는 것이 내가 저 사람에게 호의를 베푸는 건데, 내가 선행을 한다고 당신이 나를 지금 악한 사람으로 욕할 수 있나요?' 그리고 이렇게 이야기합니다. 20장 16절입니다.

—— **이와 같이 나중 된 자로서 먼저 되고 먼저 된 자로서 나중 되리라** (마 20:16)

아까 마태복음 19장에 부자 청년 이야기를 하면서 19장 30절에 이 구절이 있지 않았습니까? 그리고 다시 20장 16절에 똑같은 내용이 있습니다. 그러니까 주님께서 으뜸이 꼴찌, 꼴찌가 으뜸이 된다는 이 내용을 설명해 주시기 위해서 포도원 품꾼 비유 이야기가 있는 것입니다. 자, 이제 설명을 덧붙여 드려 보겠습니다.

새벽에 온 사람을 한번 생각을 해보십시다. 이 사람은 새벽부터 열심히 일했습니다. 그 중동의 뙤약볕 얼마나 뜨겁습니까? 그것을 다 견디고 하루 종일 일했습니다. 그리고 그는 한 데나리온 받았습니다. 덜 받은 것이 아니라 주인하고 계약한 대로 한 데나리온을 받았습니다. 그런데 이 사람은 자기보다 일을 덜한 사람이 자기와 똑같은 금액을 받는다는 것 때문에 분개했습니다. 그 사실을 받아들이지 못하는 것입니다. 이 사람 어떤 사람입니까? 이 사람 눈에는 사람이 안 보입니다. 이 사람 눈에는 돈만 보입니다. '아, 네가 이 한 데나리온 받니? 그러면 나는 열 시간 했으니까 열 배 더 받아야지.' 이 사람에게는 돈만 보입니다. '저 사람이 만약 오늘 공쳤으면 식구들이 내일까지 하루 종일 굶을 뻔했는데 저 사람이 그래도 한 시간 일을 하고 저렇게 돈 받아 가서 저 가족들이 오늘 저녁 따듯하게 밥 먹겠네.' 이 사람 눈에 사람이 보이지 않았습니다.

이 사람이 새벽부터 와서 포도원을 누구보다 잘 가꾸는 장인이라 해도 사람이 보이지 않고 돈만 보이는 삶이라면 엑스의 아랫부분이 구현되겠습니까? 안 됩니다. 아침부터 나와서 포도원을 관리하는 최고 기술자, 으뜸이라 할지라도 그리스도인으로 살아가는 데는 꼴찌입니다.

제일 마지막에 온 사람을 한번 생각해 보십시다. 그 시대에 하루 품꾼들은 그야말로 품꾼들입니다. 하루 벌어 하루 먹습니다. 하루 못 벌면 식구들하고 하루 굶어야 됩니다. 이 사람은 일하고 싶었던 사람입니다. 불러 주는 사람이 없습니다. 그러면 오후 5시가 되어서 이제 한 시간이 지나면 일하는 시간은 끝나는 것입니다. 그 시간에 이 사람은 절망에 빠져 있지 않았겠습니까? 이제 오늘 공친 것입니다. 아마 자기 눈앞에 배를 쫄쫄 굶을 사랑하는 처자식들 얼굴이 보였을 것입니다. 오늘 망친 것입니다. 그런데 포도원 주인이 오더니 '왜 당신 놀아?' 묻습니다. '일하고 싶어도 우리 일 시키는 데가 없습니다' 그랬더니 '오, 그래요? 그럼 내 포도원으로 들어가요' 해서 한 시간만 일했습니다. 여러분, 그 사람이 한 시간만 일을 하고 하루 임금 한 데나리온을 받으리라고 눈곱만큼이라도 상상했겠습니까? 10분의 1 데나리온만 줘도 '감사합니다' 하고 감지덕지 받아 가지 않았겠습니까? 그런데 하루 임금을 주인이 줍니다. 그 한 데나리온은 돈이 아닙니다. 그 한 데나리온은 자기에게 딸린 처자식과 먹고살 양식입니다. 생명인 것입니다. 그 돈으로 시장에 가서 식구들하고 먹을 양식을 들고 품고 가면서 아마 울었을지도 모르겠습니다.

그 품꾼이 어떻게 생각하겠습니까? '저런 주인이라면 내가 내일 누구보다 일찍 가서 새벽부터 저 포도원에서 열심히 일하리라. 그리고 나는 매일 한 데나리온으로 만족하고 살고. 우리 주인이 나처럼 일하고 싶어도 일자리를 구하지 못해서 일 못하는 사람에게 더 자비를 베풀도록 내가 내 생을 바쳐야지.' 그 사람에게는 사람이 보이는 것입니다. 그 삶이 비록 보잘것없고 오후 5시까지 다른 사람이 써주지 않을 정도로 아무런 기술을 갖지 않은 사람이라 할지라도 주님 보시기에는 그 사람이 으뜸입니다. 왜입니까? 그 사람의 삶 속에서 엑스가 그려지는 것이기 때문입니다.

그러면 마태복음 19장 30절에 '처음 된 자가 나중 되고, 나중 된 자가 먼저 된다', 주님께서 부자 청년을 가리켜서 이렇게 말씀하신 의미, 이제 아시겠습니까? 그 젊은 청년이 부자니까, 어디 가도 어른 행세 하지 않았겠습니까? 어디 가도 상석에 앉지 않았겠습니까? 사람들이 다 어디가도 자리를 양보하고 앉으라고 할 때 사람들이 자기가 가진 돈의 힘에 굴복하는 줄 모르고 다 자기가 잘나서 그렇다고 착각했을 것입니다. 그러니까 그 동네에서 어디를 가도 이 부자 청년, 으뜸입니다. 그러나 그 부자 청년에게는 돈 때문에 사람이 보이지 않았습니다. 그 청년에게는 돈 때문에 엑스의 아랫부분이 구현될 수가 없었습니다. 그래서 예수님께서 그 청년에게 이렇게 말씀하신 것입니다. '네가 이 동네에서 으뜸이지. 그런데 넌 꼴찌야. 너한테는 엑스가 없어.'

주님의교회의 시작

제 자신의 이야기를 드리는 것을 양해해 주시고 들어 주시기 바랍니다. 저는 모태신앙으로 태어났는데 허랑방탕하게 살았습니다. 그러다가 뭐 아시는 분들은 많이 아시고 계십니다만은 1984년 8월 2일 새벽 2시에 주님께서 정말 핀셋으로 저를 뽑아내셨습니다. 제가 제 동창들 중에서 가장 도덕적이고 윤리적이었기 때문이 아닙니다. 어릴 때부터 저와 함께 지냈던 친구들 가운데에 제가 도덕적으로 가장 타락했던 사람이었습니다. 그런데 주님께서 제 처를 통해서 저를 핀셋으로 불러내셨습니다. 아가펜 프로텐이 제게 임한 것입니다. 제가 그날 새벽에 제 지난 인생을, 주마등처럼 흘러가는 인생을 보면서 한없이 울었습니다. 그러고 제 인생길을 확실하게 변경하기 위해서 신학교로 가기로 제가 결심했습니다. 저처럼 의지가 약한 사람이 그냥 그대로 있어서는 또 옛날 삶으로 회귀할 것 같아서 내 인생 길을 바꾸기 위해서 신학교로 간 것입니다. 목회하는 목사가 되겠다는 생각은 해보지도 않았습니다. 그리고 날이 밝아서 제 처에게 이야기를 했습니다. 내가 신학교로 내 인생길을 바꿨으면 좋겠는데 어떻게 생각하느냐고 물었더니 오래 기다렸다고 했습니다.

그대로 신학교에 들어갔습니다. 신학교를 졸업하기 전에 여성 문인들이 저하고 우연한 기회에 성경공부를 하게 되었습니다. 성경공부를 하는데 성경공부하는 그 장소에 여성 문인 아닌 분들이 몇 분이 자꾸만 오시는 것입니다. 나중에 알고 보니까 저를 선보러 오셨던 분들입니다. 어느 날 한 여성 작가가 저를 만나자고 하더니 당시 서울 시내에서 가장 빠르게 부흥하던 교회에서 몇 가정이 나왔는데 저하고 교회를 개척하기를 원한다며 어떻겠냐고 그러셔서 제가 사양했습니다. 저는 개척 교회는 이 땅에 없던 교회가 처음으로 생기는 것이기 때문에 개척 교회의 첫 목회자는 순결한 목회자여야 된다고 생각했습니다. 저처럼 타락하고 방탕했던 사람은 무자격자라고 생각했습니다. 그런데 그분들이 계속 저를 찾아오셨고 그러면 교회는 하지 않아도 되니까 일주일에 한 번씩 성경공부만 같이하자고 했습니다. 그건 같이할 수 있겠다 싶어서 저희 집 2층에서 성경공부를 하기 시작했습니다.

시간이 지나면서 사람들이 자꾸 늘어나서 강남 YMCA의 교실을 하나 빌려서 성경공부를 하기 시작했습니다. 사람들이 늘어나기 시작하면서 저한테 전화가 오기 시작했습니다. 저하고 성경공부를 시작했던 그분들이 나온 교회, 그러니까 다니던 교회가 당시 서울 장안에서 가장 소문나게 부흥하는 교회였기 때문에 웬만한 지식인들은 다 그 교회에 빨려들 듯이 교인 수가 늘어나던 교회여서 제 주위 지인들도 상당수가 그 교회로 적을 옮기고 있었습니다. 그런데 저를 아는 분들이 저한테 전화를 하는 것입니다. 그 사람들하고 놀지 말라고, 그 사람들 아주 나쁜 사람들이라는 것입니다. 그래서 전화를 받을 때마다 '알겠습니다', '감사합니다', '감사합니다' 하면서 각각 다른 사람으로부터 열통 이상을 받았습니다.

그런데 어느 날 그 교회를 다니던 제 두 인척으로부터 하루에 10분 상관으로 똑같은 전화를 받았습니다. 그 사람들하고 안 놀았으면 좋겠다는 것입니다. 모처럼 큰 결심하고 인생의 길을 바꿨는데 그런 사람들하고 놀다가 오히려 앞길을 망쳐 버리면 어떡하겠느냐는 것입니다. 제가 다른 사람들이 전화할 때에는 그냥 '알겠습니다', '감사합니다' 하고 끊었는데 그날 제 인척의 전화를 받고 10분 있다가 또 다른 인척이 똑같은 내용의 전화를 해서 '그래. 고맙다'라고 수화기를 놓으면서 이분들을 위해서 교회를 해야 되겠다고 결심을 했습니다.

나를 아는 모든 사람들이 이 사람들하고 놀지 말라고 하면 내가 놀아 줘야 되겠다 결심했습니다. 제가 다니던 신학교에 주기철 기도탑이라고 있었는데 거기서 기도할 때 이런 기도를 했습니다. '주님, 저는 교회를 목회할 목사가 될 자격이 없는 것 저 압니다. 그러나 다른 사람들이 보살피려 하지 않는 사람들이 있다면 저한테 맡겨 주시면 제가 그분들을 사랑하고 함께 교회하겠습니다.' 이런 기도를 드렸습니다.

그런데 모두가 놀아 주지 말라면, 세상 사람은 놀아 주지 않아도 목사는 그 사람들하고 놀아 줘야 되지 않겠습니까? 그래서 저는 주님께서 제게 베풀어 주신 엑스의 윗부분, 그 아가펜 프로텐, 그 사랑의 빚을 사람들에게 갚기 위해서 놀지 말라는 그분들하고 교회를 할 결심을 하고 전화를 끊은 뒤 성경공부하던 리더에게 전화를 했습니다. '나한테 교회 하자고 제의했던 그 마음 변함없나?' '변함없다.' '교회하자.' 그래서 주님의교회가 시작되었습니다. 그분들은 학력이나 경력이나 신앙 연륜이나 인품적으로 전부 저보다 뛰어난 분들이었습니다. 그런데 당시에 서울 시내에서 가장 빠르게 부흥하던 그 교회가 건축 문제로 사소한 분란이 있었습니다. 분란이 일어나니까 이 교회도 분란이 일어나는구나 하고 이 그룹이 떠났는데 그 교회 리더십 입장에서 볼 때 분란 때문에 떠나는 첫 번째 그룹이 된 것입니다. 그러니까 이 첫 번째 그룹을 나쁜 사람으로 매도하지 않으면 계속 이탈이 가중이 될 것이라고 생각하고 그 사람들을 정말 나쁜 사람이라고 매도를 했는데 저를 아는 지인들은 그분들이 누군지도 알지 못하고, 들리는 소문만으로 저를 말린 것입니다.

어쨌든 잘못된 소문이지만 그 소문을 듣고 그분들을 사랑하기 위해서 시작한 교회가 주님의교회가 되어서 많은 분들이 그 교회에서 주님의 생명을 공급받고 있습니다. 제가 타락했던 사람이기 때문에 주님께서 제게 교회를 하게 하신다고 하면 주님께서 제게 요구하시는 바가 있지 않겠습니까? 그래서 '내 임기를 스스로 정하자. 스스로 떠나는 목사도 이 시대에는 필요할 때가 되었다'라고 생각해서 제 임기를 10년으로 정하고 떠났습니다. 5년, 6년이 될 때까지 저하고 매일 같이 보는 주님의교회 교인들이 제가 떠난다는 것을 안 믿었습니다. '저러다가 안 떠나겠지.' 그리고 그분들이 마음속으로 안 떠나기를 바랐습니다. 7년, 8년째가 되니까 '어, 정말 가는구나' 이렇게 알고 외부에도 10년이면 떠난다고 소문이 나기 시작했습니다. 그랬더니 국내외에서 담임목사가 궐석이 된 많은 교회가 제게 청빙 제의를 했습니다. 그런 큰 교회들은 다 가고 싶은 목사님들이 줄을 서 있으니까 제가 갈 이유가 없습니다.

그런데 제네바에서 편지가 왔습니다. 제네바한인교회가 설립된 지 20년이 되었는데, 단 한 번도 담임목사가 있어 본 적이 없는 미자립 교회여서 봉급을 다 주지 못하고 60퍼센트밖에 주지 못합니다. 그 60퍼센트 중에도 15퍼센트는 내가 책임지고 가져가고 60퍼센트밖에 못 주니까 가족은 서울에 두고 혼자 와서 3년만 교회를 봐 달라는 것입니다. '노' 했습니다. 얼마 후에 그 교회 교인 대표가 다시 편지를 보냈습니다. 스위스 제네바라고 하는 브랜드가 좋기 때문에 온다고 하는 목사님이 계셨는데 정말 이 교회가 가난해서 봉급을 제대로 다 못 준다는 걸 알고 오지 않는다는 것입니다. 그러니까 당신이 혼자 와서 3년만 좀 봐 달라는 것입니다. 남이 가고 싶어 하는 교회라면 제가 갈 이유가 없지만 가겠다는 사람도 안 가는 교회를 '재철아, 너 안 갈래?' 주님께서 프러포즈하시는데 안 가면 직무유기입니다. 제가 제 처한테 이야기했습니다. '갔으면 좋겠는데 어떻겠냐? 내가 3년 가면 단돈 1원도 못 보내 준다. 당신 혼자 아이 4명 책임져야 한다.' 제 처가 '내가 책임 질 테니까 갔다 오셔요' 그래서 제네바한인교회에 갔습니다.

하나님께 진 빚을 그 미자립 교회 교인들에게 갚기 위해서 갔습니다. 제가 가 있는 동안에 제네바한인교회는 자립해서 제가 떠난 뒤에 20년이 되기까지 제 후임자들은 모두 식구들과 함께 가서 지내고 있습니다.

3년을 하고 서울에 와서 저는 더 이상 교회 목회를 하지 않으려고 했습니다. 그리고 개인 전도자로 살고 있는데 양화진외국인선교사묘원의 법적 소유주인 100주년기념사업협의회 어르신들이 저를 찾아왔습니다. 당신들은 '한 발을 요단강에 넣고 지금 이제 죽음을 기다리고 있는데 이 성지를 지킬 기관이 없다', '한국 대형 교회에 부탁을 해도 아무도 해주지 않는다', '그래서 마지막 대안으로 이 성지를 지킬 교회를 세우기로 했는데 당신이 목사를 좀 해줘야겠다'는 것입니다. 교인 한 명 없는 교회인 것입니다. 그래서 사양했습니다. 저는 더 이상 목회하지 않겠다고 해서 이분들이 나가셨는데 한 시간 반 만에 또 오셨습니다. 그리고 그 어른들이 저 앞에서 눈물을 보였습니다. 그래서 그분들의 그 눈물의 부름에 순종하기 위해서 100주년기념교회를 시작했습니다. 저는 세 번 목회를 했는데 어떤 계획이나 비전을 위해서 목회하지 않았습니다. 세 번 다 주님께서 제게 주신 그 엑스 윗부분에 대한 사랑의 빚을 사람들에게 갚기 위해서, 엑스의 아랫부분을 위해서 목회를 했는데 주님께서 세 번 다 그 아랫부분을 책임져 주셨습니다.

하나님이 집어 주시는 땅으로

마지막으로 100주년기념교회가 세워진 곳은 제가 살던 집 바로 옆이었습니다. 제가 살던 집 옆에 100주년기념교회, 말하자면 제 마지막 목회 교회가 세워진 것입니다. 제 집 옆에 100주년기념교회가 세워졌더라도 제가 100주년기념교회 담임목사가 안 되었더라면 저는 그대로 제 서울 집에서 살다가 서울에서 죽었을 것입니다. 그런데 제가 살던 집 옆에 교회가 세워졌으니까 제가 그 교회 담임목사를 하다가 임기를 끝내고 나서 죽을 때까지 교회 옆 집에 살고 있으면 제 후임자들이 얼마나 힘들겠습니까?

그리고 교인들이 제 후임 목사, 또 저, 이 양쪽을 다니면서 또 얼마나 힘들겠습니까? 그래서 100주년기념교회가 세워지자마자 제 처하고 '우리가 서울을 떠나서 이제 인생의 마지막 정착지를 다른 곳에서 찾자' 그러면서 인생의 마지막 소명지를 시골에 계신 분들과 삶을 나누기로 했습니다. 지방에 연고가 있는 주위 지인들에게 부탁을 해서 어디든지 평당 10만 원짜리 땅이 나오는 곳이면 그곳을 하나님께서 우리를 부르시는 곳이라고 믿고 가자 했습니다. 평당 10만 원이라고 특정한 이유는 한국처럼 부동산 투기가 열기를 뿜는 나라에서 산속이 아니라 마을이 있는 곳의 땅으로 평당 10만 원은 없다고 여기고 하나님께서 집어 주셔야 된다고 생각했기 때문입니다. 그러니까 10만 원짜리 땅이 나오면 전라도든 충청도든 거기로 가기로 한 것입니다.

그래서 몇몇 분들에게 부탁을 했고 제일 먼저 어느 지방에서 땅이 나왔다고 연락이 왔는데 우리가 생각했던 10만 원보다 더 싼 8만 원이었습니다. 즉시 사겠다고 했는데 연락이 없더니 12만 원으로 올랐습니다. 서울 사람이 산다고 하니까 땅값이 오르는 것입니다. 하나님께서 그런 데로 부르실 리는 없지 않습니까? 그래서 포기했습니다. 또 제 부탁을 받았던 한 목사님께서 전라도 남쪽, 어디 섬 제일 끝에 10만 원짜리 땅이 나왔다고 해서 여름 휴가 때 가봤더니 서울 사람이 산다고 하니까 18만 원이 되어 있었습니다. 거기도 아니었습니다. 그런데 거창 산속 마을에 집 지을 수 있는 땅으로 10만 원짜리가 나왔는데 그곳은 땅값을 올리지 않았습니다. 그래서 제 처가 가보지도 않고 그 땅을 계약하고, 등기할 때 처음 가봤습니다. 그리고 2018년 11월 18일 퇴임을 하고 그곳으로 이사를 갔습니다.

여러분, 돈 10만 원을 들고 제가 대한민국을 제 처와 함께 누비고 다닌다 한들 어디서 제대로 된 땅을 얻겠습니까? 그런데 우리는 가보지도 않고, 10만 원짜리 땅이 나와서 하나님께서 부르시는 곳이라고 갔는데 해발 560미터 산 중턱에 40호 마을인데 저희 집은 바로 대나무 숲 바로 앞입니다. 집 뒤가 대나무 숲입니다. 그리고 마을이 얼마나 아름다운지 모릅니다. 제가 그 마을에 가서 얼마나 감격했는지요. 500년 된 마을인데 1973년까지 그 마을은 지게 짐 길밖에 없었습니다. 1973년도에 그 마을 분들이 새마을 운동을 하면서 45일 동안 삽으로 자동차가 지나갈 수 있는 길을 만들었습니다.

45년 전에 길을 닦았던 분들이 지금도 살아 계십니다. 저하고 같은 나이들입니다. 아무리 그 마을에 10만 원짜리 땅이 나왔더라도 아직까지 지게 길밖에 없으면 우리는 갈 수가 없습니다. 그 마을 사람들이 땀을 흘려서 길을 닦아 뒀기 때문에 차가 올라가니까 우리가 갈 수 있습니다. 우리 집 앞으로 들어가는 골목 앞에 마을 광장이 있는데 그 광장 한가운데에 산에서 내려오는 계곡이 있었습니다. 2003년도에 태풍 매미가 몰아쳤을 때 계곡물이 넘쳐서, 그 마을 주민들이 군청에 진정을 내서 계곡 복개공사를 했습니다. 만약에 거기에 계곡이 그대로 있었더라도 저희 집으로 들어갈 수가 없습니다. 2003년도에 복개공사를 해서 골목 안 저희 집까지 차가 들어가게 되었습니다.

500년 된 그 마을을 하나님께서 500년 전부터 일구시고, 1973년도에 자동차가 들어가는 길을 만드시고, 2003년도에 그 계곡 복개공사를 하신 것은 2018년 11월 18일 살아갈 나를 위해서, 우리 부부를 위해서 그렇게 닦아 주신 것입니다. 엑스의 윗부분입니다. 그 마을에 들어갈 때마다 이 엑스의 윗부분의 사랑을 베풀어 주신 하나님께 감사하지 않을 수 없습니다. 그러면 제게 남아 있는 게 무엇이겠습니까? 그 하나님 사랑의 통로로 사는 것입니다. 우리가 그 마을에 이주해서 살 수 있기까지 500년 동안 그 마을을 닦아 온 그 마을 사람들을 사랑하는 것으로부터 시작해서, 한 사람이라도 더 많은 사람을 코끝에 호흡이 있는 동안에 사랑하면서 엑스의 아랫부분을 살다가 생을 그치는 것이 저희 부부에게 남아 있는 숙제 아니겠습니까? 서두의 질문으로 되돌아가겠습니다.

사람 그리고 엑스의 확장

첫째 질문입니다. 믿음이 자라간다는 것, 성숙해진다는 것은 무엇을 의미합니까? 여러분들의 눈에 사람이 보이기 시작하는 것입니다. 여러분들 교회 오면 만나던 늘 뻔한 사람 만나지 않습니까? 나하고 성정이 같고, 나하고 수준이 같고, 내 봉사 팀에 있는 분들과 같다면 엑스의 한 꼬리밖에 없는 것입니다. 내가 헬라인인데 생각해 보지 않은 야만인을 위해 내 생애를 나누어 줄 수 있고, 나는 지혜로운데 어느 날 내가 대하고 싶지도 않았던 어리석은 사람을 위해서 내 주머니를 털 수 있을 때, 바꾸어 말하면 여러분의 삶 속에 엑스의 아랫부분이 구현되기 시작할 때 여러분의 삶은 성숙해지는 것입니다. 그것이 성경의 핵심이기 때문입니다.

둘째 질문입니다. 하나님께서 지금 여기에 앉아 있는 우리 가운데에 으뜸인 사람을 뽑으신다면 누구이겠습니까? 세상에서 가장 좋은 스펙을 가졌는데도 이 자리에 앉아 있는 사람입니까? 천문학적인 액수의 헌금을 한 사람입니까? 아닙니다. 누구보다 큰 엑스를 그리고 있는 사람입니다. 바울의 엑스, 얼마나 큽니까? 헬라인이나 야만인이나 지혜 있는 자나 어리석은 자나 한도 없이 큽니다. 누군가의 엑스는 엑스를 그리기는 하는데 좁쌀만 한 엑스일 수도 있고, 누군가의 엑스는 바울만큼, 누군가의 엑스는 온 우주를 뒤덮는 예수 그리스도의 엑스를 닮아 가려는 엑스일 수도 있습니다. 우리 다 엑스가 다릅니다. 그러나 주님께서 으뜸으로 삼는 사람은 네가 세상에서는 보잘것없어도, 네가 세상에서는 학력이 없어도, 네 수준에서 가장 많은 사람을 위해 엑스의 아랫부분을 그리는 너, 그 사람입니다. 그를 으뜸으로 삼지 않으시겠습니까?

마지막 질문입니다. 그리스도인에게 어떤 사람의 인생 말년이 가장 아름답고 행복하겠습니까? 서두에서 말씀드렸습니다만 여유로운 경제력으로 미국 같은 데 별장도 있고, 요트도 갖고, 여행 다니고, 좋은 것 먹고 편안하게 살다가 끝나는 것이 유복한 인생 말년이겠습니까? 여러분, 그런 인생은 아무리 좋아 보이고 잘 먹어도 썩어 문드러지는 고깃덩어리를 위한 삶입니다. 여러분들이 평생 그리스도를 믿고 살다가 인생 말년에 고깃덩어리를 위해서 살다가 썩어서 한 줌 흙으로 주님 앞에 서시렵니까? 그리스도인의 행복한 말년은 코끝에 숨이 멎는 순간까지 엑스를 확장시켜 가는 것입니다. 내 호흡이 멎을 때까지 엑스를 그려 가는 것입니다.

여러분, 사도행전 28장이 어떻게 끝납니까? 바울이 복음을 전하다가 죄수가 되어 잡혀서 황제에 상소한 다음 로마로 끌려가지 않습니까? 그런데 감옥에 갇히기 전에 그 경호대장의 호위로 2년 동안 셋집을 얻어서 바울이 지냅니다. 당시에 감옥에 갇히지 않고 옥외에서 생활하는 죄수들은 로마법에 의하면 로마 군인 한 명이 지키는데 군인 한 명이 자기 한 손에 쇠사슬을 묶고 그 끝을 죄수 손에 묶는 것입니다. 그렇게 해서 이제 2년을 지냈는데 성경에는 '셋집'이라고 나옵니다. 그러니까 우리 생각대로 전셋집, 아니면 사글세 집 이렇게 생각하기가 쉬운데 2,000년 전 당시의 구조, 당시의 생활양식을 보면 그 돈을 내고 빌릴수 있는 곳은 로마 변두리의 헛간인 것입니다. 로마 변두리에 헛간을 숙소로 삼아서 바울이 마지막 2년을 지내는 동안에 그를 찾는 자를 다 영접하고 바울의 인생이 끝납니다.

바울은 한 손이 쇠사슬이 묶여서 지금 구금 상태에 있습니다. 참수형을 당하기까지 자기를 찾아오는 사람들을 만나서 신세한탄하고, '내 구명운동 좀 해줘' 이게 아니었습니다. 누가 찾아오든 다 영접하고 주님에게 진 사랑의 빚을 그들에게 갚고, 비록 쇠사슬에 묶인 죄수일망정 '그들에게 무슨 유익이 될까'를 생각하며 사는 것으로 사도행전 28장이 끝납니다. 그렇게 살아야 우리 인생이 보람된 인생으로 끝나고, 그와 같은 인생이 우리가 이 세상을 떠난 뒤에도 사랑하는 우리 자녀들에게 믿음의 이정표로 남지 않겠습니까?

사랑하는 교우 여러분, 주님에게 사랑의 빚진 자로서 그 빚을 헌금으로, 봉사로 하나님께 올려 드리겠다고 생각하는 것은 엑스의 윗부분만 가지겠다는 것입니다. 여러분, 정말 하나님을 사랑하시고 하나님의 사랑의 빚을 지셨습니까? 그 사랑을 사람에게 갚는 사랑의 통로가 되어서, 숨이 멎는 날까지 엑스를 계속 키워 가십시오. 우리가 세상에서는 비록 보잘것없는 미물이라 할지라도 주님께서는 우리 한 사람 한 사람을 가리켜서 네가 으뜸이라고 말씀하실 것입니다. 기도하시겠습니다.

주님, 내가 헬라인이나 야만인이나 지혜 있는 자나 어리석은 자에게 다 빚진 자라는 바울의 고백이 우리의 고백이 되게 해주십시오. 우리 코끝에 호흡이 있는 동안 하나님 사랑의 종착역이 아니라 하나님 사랑의 통로가 되어 사람을 사랑하는 엑스의 아랫부분을 계속 확장시켜 나가게 하여 주시옵소서. 그리하여 세상에서는 비록 우리가 나중 된 자라 할지라도 주님에 의해 으뜸이라고 인정받는 자가 되게 하여 주십시오. 예수님 이름으로 기도드립니다. 아멘 그 때에 다메섹에 아나니아라 하는 제자가 있더니 주께서 환상 중에 불러 이르시되 아나니아야 하시거늘 대답하되 주여 내가 여기 있나이다 하니 주께서 이르시되 일어나 직가라 하는 거리로 가서 유다의 집에서 다소 사람 사울이라 하는 사람을 찾으라 그가 기도하는 중이니라 그가 아나니아라 하는 사람이 들어와서 자기에게 안수하여 다시 보게 하는 것을 보았느니라 하시거늘 아나니아가 대답하되 주여 이 사람에 대하여 내가 여러 사람에게 들사온즉 그가 예루살렘에서 주의 성도에게 적지 않은 해를 끼쳤다 하더니 여기서도 주의 이름을

부르는 모든 사람을 결박할 권한을 대제사장들에게서 받았나이다 하거늘 주께서 이르시되 가라 이 사람은 내 이름을 이방인과 임금들과 이스라엘 자손들에게 전하기 위하여 택한 나의 그릇이라 그가 내 이름을 위하여 얼마나 고난을 받아야 할 것을 내가 그에게 보이리라 하시니 아나니아가 떠나 그 집에 들어가서 그에게 안수하여 이르되 형제 사울아 주 곧 네가 오는 길에서 나타나셨던 예수께서 나를 보내어 너로 다시 보게 하시고 성령으로 충만하게 하신다 하니 즉시 사울의 눈에서 비늘 같은 것이 벗어져 다시 보게 된지라 일어나 세례를 받고 음식을 먹으매 강건하여지니라 사울이 다메섹에 있는 제자들과 함께 며칠 있을새(행 9:10-19)

$$\left(\,3\,\right)$$

———————————————————————

소명의 삶에 대해

오늘 밤도 세 가지 질문을 드리는 것으로 시작하겠습니다. 첫 번째 질문입니다. 여러분은 오늘 이 밤에 왜 이 집회에 오셨습니까? 제가 듣기로는 내일이 휴일이라고 들었습니다. 그러면 토, 일, 월 사흘 연휴 얼마나 많은 사람들이 여행을 가겠습니까? 그런데 여러분들께서는 굳이 이 주일 밤에 이 집회에 왜 나오셨습니까? 교회에서 매년 개최하는 연례행사이기 때문입니까? 아니면 목사님이 집회가 있으니까 다들 나오라고 독려하셔서입니까? 아니면 순장님이 같이 가자고 말씀하셔서입니까? 그런 이유로 여러분들이 지금 이 자리에 나와 앉아 계신다면 이 집회가 여러분들의 삶에, 여러분들의 미래에, 여러분들의 일생에 무슨 유익이 되겠습니까?

두 번째 질문입니다. 아이티(IT) 기기의 발전으로 에스엔에스(SNS)를 통해서 현대인들은 문자와 글의 홍수 속에 살고 있습니다. 오늘도 여러분들 에스엔에스를 통해서 얼마나 많은 글들을 주고받으셨습니까? 그 글들 가운데에 여러분들의 인생을 깊이 사색하고 성찰하게 해주는 글을 단 한 줄이라도 챙기셨습니까? 오늘도 여러분들이 보았던 영상 중에서 여러분들의 영혼에 살이 되고 뼈가 되는 영상을 발견하셨습니까? 그저 재미있는 이야기 보고 웃고, 또 같은 이야기 보내고 그렇게 하신 것은 아닙니까?

인생은 거창하지 않습니다. 인생은 우리를 스쳐 지나가는 1초 1초가 쌓여서 인생이 되는 것입니다. 그 1초 1초가 쌓여서 한 시간이 되고 24시간 하루가 되고 한 달이 되고 1년이 되고 그것이 여러분의 평생입니다. 그런데 여러분들이 매일 여러분에게 영적으로 유익이 되지 못하고 미래의 삶을 더 견고하게 구축하는 발판이 되지 못하는 글들을 읽고 영상을 보느라 그 귀한 1초 1초를 버리고 산다면 여러분은 지금 자기의 귀한 생명 인생을 갉아먹고 사는 거 아닙니까?

세 번째 질문입니다. 여러분들에게 소명 혹은 소명의 삶은 무엇입니까? 일상의 삶을 살던 사람이 목사로 부름 받아서 신학교 가고 선교사로 결신을 하고 선교지로 가는 것 그것이 소명이고 그분들이 소명인들입니까? 여러분, 그러면 가정주부들은 다 가사 때려치우고 선교지 가야 하지 않겠습니까? 사회 생활하시는 모든 분들 일터, 가정 다 내팽개치고 내일이라도 신학교 들어가야 하지 않겠습니까?

다메섹 도상의 바울

오늘의 본문은 다메섹 도상에서 주님의 빛에 사로잡힌 바울에 대한 내용입니다. 앞서 말씀드렸습니다만은 그 교회를 짓밟던 바울에게 주님께서 빛으로 임하셨습니다. 바울이 일행 중에서 가장 도덕적이고 윤리적이었기 때문이 아니었습니다. 그리스도인들을 색출하고 체포하고 연행하고 투옥시키는 체포조의 우두머리, 당시 그리스도인들의 입장에서 보자면 가장 악랄한 인간이었습니다. 그 악랄한 인간에게 주님의 아가펜 프로텐이 먼저 임한 것입니다. 빛으로 임하셨습니다. 그 이후에 바울은 '왜 내 일행들이 함께 있었는데 주님의 그 사랑이 나에게만 임했을까?', '왜 일행 가운데에서 나만 핀셋으로 뽑아내듯이 구원해 내셨을까?' 생각했지만 인간의 논리로 답할 수 없었습니다.

그래서 그가 스스로 그 질문을 갖고 오래 묵상한 결과 우리에게 준 답이 에베소서 1장 4절 '창세 전부터 하나님께서 그리스도 안에서 나를 택정해 주셨더라' 그 외에는 답이 없었습니다. 하나님께서 그렇게 신비스러운 아가펜 프로텐으로 나를 구원해 주셨다는 것입니다.

중요한 사실은 주님의 그 구원의 빛이 임할 때 바울이 시력을 상실했습니다. 태어날 때부터 맹인으로 태어난다면 세상을 한 번도 본 적이 없으니까 다시 맹인이 되는 일은 있을 수 없습니다. 바울은 태어나서부터 세상을 보던 사람입니다. 그런데 주님을 만남과 동시에 시력을 상실했습니다. 얼마나 비수 같은 메시지입니까? 네가 주님을 알기 전에 본 거 다 무효라는 것입니다. 네가 주님을 알기 전에 그토록 심취했던 것 다시 볼 필요 없다는 것입니다. 다시 그런 것 때문에 네 인생 1초 1초를 허비해서는 안 된다는 것입니다.

조금 전에 주님을 만나기 전까지 바울은 다메섹에 있는 그리스도인들을 색출해서, 체포하고 연행하는 체포조 우두머리라고 그랬습니다. 그러니까 한번 생각을 해보십시오. 예루살렘과 인근에 있는 예수 믿는 사람들 다 집어넣고, 다메섹까지 예수 믿는 사람들이 퍼져 있다는 이야기를 듣고 대제사장으로부터 영장을 받아서 지금 213킬로미터 떨어져 있는 그 길을 걸어가는 것입니다. 그 카리스마를 한번 생각해 보십시오. 번뜩이는 바울의 눈빛 그리고 내 눈 앞에 예수쟁이가 나타나기만 하면 남녀노소, 빈부귀천을 막론하고 무조건 잡아서 예루살렘으로 끌어가리라는 그 카리스마 가득 찬 발걸음으로 걸어가지 않겠습니까?

그런데 시력을 상실했습니다. 자기 스스로 걸을 수가 없습니다. 혼자서 보무도 당당하게 걸어가던 바울을 다른 사람이 그의 손을 잡고 이끌어 주어야 했습니다. 네가 지금 걷던 그 길, 다시는 걸으면 안 된다는 것입니다. 그 길 또 가면 안 된다는 것입니다. 왜입니까? 그 길 가면서 출세할 수 있습니다. 그 길 가면서 명성을 떨칠 수 있습니다. 그 길 가면서 더 큰 집에서 살 수 있습니다. 그러나 그 길의 끝은 공동묘지입니다. 죽음의 길입니다. 그 길은 '너 가면 안 된다'는 것입니다. 그래서 다른 사람이 지금 끌고 가는 것입니다.

다른 사람의 이끌림을 받아서 다메섹에 들어가서 바울은 사흘 동안 먹지도 마시지도 못했습니다. 식음을 전폐했습니다. 지금까지 살아온 삶을 위해서라면 그런 삶을 되풀이하기 위해서라면 먹을 필요, 마실 필요도 없는 것입니다. 오늘 본문은 그 상황에서 시작합니다. 10절입니다.

——— 그 때에(행 9:10)

본문이 "그 때에"라고 시작합니다. 여러분, 우리가 성경을 읽을 때 '그때에', '그러므로', '그래서' 이런 접속부사가 나오면 긴장하고 그것을 면밀하게 들여다봐야 합니다. 그런 접속부사는 모두 시간과 공간을 초월하는 신비로운 주님의 섭리가 나타날 때 동원되는 부사입니다. '그때'는 그때라는 단어 이전 상황과 그때라는 단어 이후의 상황이 동시에 일어났음을 강조하는 접속부사 아닙니까? 그때 이전에 무슨 상황이 벌어졌습니까? 보무도 당당하게 카리스마에 가득 차서 다메섹으로 가던 바울이 주님을 만나서 시력을 상실하고 남의 손에 이끌려서야 다메섹으로 가서 먹지도 마시지도 못하고 있습니다.

세상 사람들이 보면 바울 인생 끝난 것입니다. 실패의 나락으로 떨어진 것입니다. 젊은이가 시력을 상실하고 남이 이끌어 주지 않으면 걷지도 못하고 먹지도 마시지도 못하는데 그 인생이 무슨 소망이 있겠습니까? 세상 사람들이 보면 인생의 나락으로 떨어진 바로 그때 이후에 이제 무슨 일이 있다는 것입니까? 하나님은 바울을 위해서 치밀하게 섭리하고 계신다는 것입니다. 어떻게 섭리하십니까? 10절을 다시 보시겠습니다.

—— 그 때에 다메섹에 아나니아라 하는 제자가 있더니 주께서 환상 중에 불러 이르시되 아나니아야 하시거늘 대답하되 주여 내가 여기 있나이다 하니(행 9:10)

지금 주님께서 당신의 아가펜 프로텐으로 구원하시고, 시력을 상실하고 식음을 전폐하고 있는 바울을 위해서 주님께서 지금 당신의 도구를 동원하십니다. 그 도구가 누구입니까? 다메섹에 있는 선지자, 주님의 제자 아나니아라는 사람인데 바울은 아나니아와 일면식도 없는 사람입니다. 평소에 바울이 아나니아를 잘 알기 때문에 아나니아를 불러서 지금 바울을 도우시려는 게 아닙니다.

주님께서는 당신이 핀셋으로 뽑아내신 바울을 바르게 세우시기 위해서 바울이 이 세상에 태어나서 단 한 번 얼굴도 쳐다본 적이 없는 아나니아라는 사람을 선택했습니다. 사랑하는 교우 여러분, 이 사실을 잊지 마십시오. 많은 그리스도인들이 어려움에 처하면, 내가 해결할 수 없는 장벽에 부딪히면 주님의 도우심을 간구하되 그 주님의 도우심이 사람을 통해서 오리라는 믿음으로 내 주위에 있는 사람에게 비굴해집니다. 내 주위에 돈이 많은 사람이 있으면 저 사람 주머니에 있는 돈이 나한테 흘러오려면 어떻게 하면 될까? 어떻게 저분이 나한테 호의를 베풀게 할까? 믿음은 사람에게 비굴해지는 것이 아닙니다. 사람의 도움을 구하려고 하면 사람 앞에 바른 말을 할 수 없습니다. 그러면 사람 듣기 좋은 말만 해야 합니다.

여러분, 바울을 구원하시기 위해서 주님께서는 바울이 단 한 번도 신세 진 적도 없고 알지도 못하는 아나니아를 부르셨습니다. 여러분, 사람들 앞에서 당당하십시오. 주님 앞에서만 겸손하십시오. 여러분을 도우실 때 주님께서는 여러분들이 누구에게도 비굴하지 않도록 알지도 못하는 사람을 동원해서 건져 내실 것입니다. 11절입니다.

—— **주께서 이르시되 일어나 직가라 하는 거리로 가서 유다의 집에서 다소 사람 사울이라 하는 사람을 찾으라**(행 9:11상)

주님께서 지금 아나니아에게 말씀하십니다. '아나니아야, 다메섹에 직가라고 이름 붙여져 있는 거리로 가서 거기에 유다 집을 찾아 거기에 있는 사울을 방문하거라.' 사울은 바울의 옛 이름 아닙니까? 이 직가라고 하는 곳은 '곧을 직' 자에 '거리 가' 자, 영어로 'straight'(스트레이트), 그냥 쫙 뻗은 길입니다.

여러분, 2,000년 전에 로마제국을 비롯해서 고대 근동, 지중해 세계 어느 나라든지 도로는 다 구불구불하게 나 있었습니다. 직선 도로가 있다고 해도 그 거리가 길지 않았습니다. 그런데 이 도로가 직가, 스트레이트라고 이름 붙여진 것은 다메섹 동쪽 문에서 시작해서 서쪽까지 1.6킬로미터가 스트레이트로 뻗어 있었습니다. 지금도 1.6킬로미터 직가라고 하면 참 대단한 스트레이트 길 아닙니까? 그런데 그 옛날에 1.6킬로미터라면 고대 지중해 세계에서 유일무이한 최고의 인공 도로였습니다. 그러니까 고대 세계의 명물입니다. 지금도 시리아의 다마스쿠스에 가면 이 직가가 다르발 무스타킴(Darb Al Mustaqim)이라는 이름으로 그대로 사용되고 있습니다. 시리아의 중요한, 다마스쿠스의 중요한 간선도로로 사용되고 있습니다. 지금 아나니아에게 '바울이 말이야. 그 직가에 가면 유다라는 사람 집이 있는데 거기에 바울이 있어. 그러니까 거기 가서 바울을 방문해라'라고 말씀하시는 것입니다.

여러분, 바울이라는 한 유대인이 다메섹 길을 걷다가 다메섹 목전에서 눈이 멀어서, 사람 손에 이끌려 다메섹으로 들어가서, 직가 거리의 유다 집에 지금 머물고 있다면 세상 사람 누가 알겠습니까? 아무도 모릅니다. 주님은 알고 계십니다. 요한계시록 2장

3절, 4절에도 에베소 교인들이 어떻게 살았는지 주님께서 '에이도', 내가 본다, 봤다 하셨습니다. 주님께서는 다 보고 계십니다. 당신의 빛으로 집어내신 바울이 시력을 상실하자 사람의 손에 이끌려서 그를 직가의 유다 집으로 가서 거하게 하신 분이 주님이신 것입니다.

세상 사람은 몰라도 주님은 아십니다. 당대 모든 고대 근동뿐만 아니라 로마 제국의 대도시 길들도 다 구불구불합니다. 그런데 왜 주님께서 이때 시력도 상실한 바울을 1.6킬로미터나 뻗어 있는 길, 당시 사람들에게 그 길은 불가사의한 길인데 그 스트레이트 거리에 있는 유다 집에 묵게 하셨습니까? '바울아, 네 앞에 은혜의 직가가 지금부터 열린다. 지금 너 앞에 새로운 인생의 직가가 열린다.' 바울에게 이것을 지금 깨닫게 해주시기 위함입니다. 그런데 바울은 그것을 못 봅니다.

주님께서는 바울로 하여금 새로운 인생의 직가로 나아가게 하기 위해서 직가로 데려가셨는데 바울 눈에는 안 보입니다. 여러분, 하나님께서 하시는 일을 매 순간 순간마다 우리의 눈으로 다 보고 확인하고 주님을 믿으려고 하면 우리는 실족합니다. 젊은이 바울은 시력을 상실했습니다. 자기 눈앞에 1.6킬로미터 직가가 펼쳐져 있는지 아무것도 안 보입니다. 만약 그때 바울이 하나님을 향해서 이스라엘 백성들처럼 '하나님이 어찌하여 나를 이렇게 부르시뇨? 예루살렘에는 매장지가 없어서 나를 이곳으로 불러서 눈멀어 죽게 하느뇨?' 이렇게 했더라면 우리가 아는 바울이 있을 수 있겠습니까? 이사야서 45장 9절을 공동번역으로 읽어 드리겠습니다.

—— 아! 네가 비참하게 되리라. 자기를 빚어낸 이와 다투는 자야. 옹기 그릇이 옹기장이와 어찌 말다툼하겠느냐? 옹기 흙이 어찌 옹기장이에게 "당신이 무엇을 만드는 거요?" 할 수 있겠느냐? 작품이 어떻게 작자에게 "형편없는 솜씨로군." 하고 불평할 수 있겠느냐?(사 45:9, 공동번역)

우리 늘 이렇게 살지 않습니까? 그래서 은혜의 직가 옆에서도 은혜의 직가를 걷지 못합니다. 바울은 그렇게 하지 않았습니다. 이 눈에 아무것도 보이지 않아도 믿음으로 잠잠히 기다렸습니다. 귀에 아무것도 들리지 않아도 하나님의 약속 말씀 위에 서서 사흘 밤, 사흘 낮 지금 기다리는 것입니다. 11절입니다.

—— 주께서 이르시되 일어나 직가라 하는 거리로 가서 유다의 집에서 다소 사람 사울이라 하는 사람을 찾으라 그가 기도하는 중이니라(행 9:11)

그가 기도하는 중이니라

지금 바울이 유다의 집에서 기도하는 것을 주님께서 보고 아십니다. 그런데 "그가 기도하는 중이니라" 이 번역문에 헬라어 원문에 있는 중요한 두 단어의 번역이 빠져 있습니다. '보라'라는 감탄사 '이두'(ἰδού) 그 번역이 빠져 있고, '왜냐하면', 'because' 이 단어가 빠져 있습니다. 헬라어 원문을 정확하게 번역하면 주님께서 아나니아에게 이렇게 말씀하셨습니다. '직가라 하는 거리로 가서 유다의 집에서 다소 사람 사울이라 하는 사람을 찾으라. 왜냐하면 말이야 아나니아야, 저것 좀 봐. 바울이 기도하고 있기 때문이야.'

바울이 기도하는데 주님께서 감탄사를 터트렸습니다. 어떤 기도를 드렸길래 주님께서 '아나니아야, 저것 좀 봐. 바울이 지금 기도하고 있어. 그러니 너 지금 찾아가'라고 하셨겠습니까. 첫날 제가 남가주 그 대형교회 특별새벽기도회 현수막 이야기 드리지 않았습니까? '부모의 새벽기도, 자녀의 평생축복.' 여러분, 바울이 지금 그런 기도를 여기에서 드리고 있으면 주님께서 이렇게 감탄하시겠습니까? 우리가 아이를 키우는데 언제 우리가 그 아이에게 감탄합니까? 기던 아이가 설 때, 서던 아이가 걸을 때, 걷던 아이가 뛸 때, 그 아이의 수준이 향상될 때 우리는 그 아이에게 감격합니다. 우리가 주님의 아가펜 프로텐으로 구원을 받는

다는 것은 우리의 신분이 바뀌는 것입니다. 죽을 수밖에 없는 죄인의 신분이 예수 그리스도 안에서 영원한 하나님의 자녀로 신분이 바뀌는 것입니다.

모든 신분은 신분에 걸맞은 수준을 요구합니다. 초등학생은 초등학생 신분인데, 그 초등학생이 중학생이 되었다는 것은 신분이 중학생으로 바뀌었습니다. 중학교에 입학해서 중학생의 신분을 갖는 순간에 그 학생은 초등학교 수준을 버리고 중학생의 수준을 갖춰 가야 합니다. 중학생이 되었는데 여전히 초등학생 수준에 머물러 있다? 대학교를 들어갔는데 신분은 대학생인데 말하고 생각하는 수준은 중학생이다? 문제 있습니다.

지금 바울은 자기 신념에 사로잡혀 살던 이 죽음의 구렁텅이에서 주님의 아가펜 프로텐으로 그리스도인으로, 하나님의 자녀로 신분이 바뀌었습니다. 그러면 비록 시력을 상실했을망정 바울이 '주여, 왜 내가 눈의 시력을 상실했나이까? 내 눈 뜨게 해주소서'가 아니라 '주여, 내가 지금부터 어떻게 살아야 하나이까? 내가 박해하던 그리스도가 메시아이신 줄 내가 보았나이다. 내가 들었나이다. 이제부터 내가 어떻게 살아야 되겠습니까?'라고 기도했다면 존재적인 기도 아니겠습니까? 주어진 새로운 신분에 걸맞은 수준의 삶을 어떻게 살아야 할 것인가 기도하지 않았겠습니까? 그 기도에 지금 주님께서 감격하셨습니다. 여러분의 기도는 어떻습니까? 마태복음 6장 7절입니다.

—— 또 기도할 때에 이방인과 같이 중언부언하지 말라 그들은 말을 많이 하여야 들으실 줄 생각하느니라(마 6:7)

여러분, 저는 제일 안타까운 분들이 그리스도인들 가운데에 자기의 소원이 이루어지게 해달라고 같은 내용의 기도를 매일 반복하는 분들입니다. 그런 분들에게 하나님은 귀가 없는 분입니다. 목석입니다. 여러분, 우상을 섬기는 이방인들은 매일 가서 똑같은 기도 합니다. 왜입니까? 내가 기도를 했는데 이 돌이, 나무가, 금속이 내 기도를 들었는지 안 들었는지 확신이 안 서는 것입니다. 그래서 자기 최면이 들 때까지 되풀이합니다. 마태복음 6장 8절입니다.

—— 그러므로 그들을 본받지 말라 구하기 전에 너희에게 있어야 할 것을 하나님 너희 아버지께서 아시느니라(마 6:8)

여자가 아이가 태어날 때가 되면 그 아이에게 필요한 것이 무엇인지를 미리 알고 다 준비합니다. 기저귀에서 옷, 이불 다 준비합니다. 핏덩이가 태어나서 울면서 '엄마, 기저귀! 기저귀!' 하지 않지 않습니까. 부모도 자식에게 필요한 것을 아는데 내 하나님이 내게 필요한 것을 몰라서 내가 계속 되풀이해야 된다면 여러분, 그것을 믿음으로 생각하십니까? 그것은 이방종교의 믿음일 수는 있으나 그리스도교의 믿음은 아닙니다. 주님께서 마 태복음 6장 이 말씀 하시고 끝에 가서 뭐라 하십니까?

—— **그러므로 너희는 먼저 그의 나라와 그의 의를 구하라**(마 6:33상)

어떻게 하면 내가 하나님의 뜻을 이루고 하나님과 바른 관계 를 믿을까, 존재적인 기도를 드리라고 합니다. 존재적인 기도를 드리는 한 나한테 있어야 할 것을 아시는 하나님께서 나에게 필 요한 것은 다 책임지십니다. 그러므로 나는 지금 이것이 있어야 된다고 생각하는데 나에게 주어지지 않는다는 건 없어야 되는 것입니다. 지금 이것이 나한테 있으면 나한테 독이 될 줄 아시니 까 주님께서 안 주시는 것입니다. 그것을 받아들이는 게 믿음입 니다.

기도와 신앙은 비례한다

예수님께서 요한복음 15장에서 내 아버지는 농부이고, 나는 포도나무이고, 너희들은 가지라고 말씀하시지 않습니까. 요한복 음 15장 7절입니다.

—— 너희가 내 안에 거하고 내 말이 너희 안에 거하면 무엇이든지 원하는 대로 구하라 그리하면 이루리라(요 15:7)

그리스도인들은 이 뒷 구절만 좋아합니다. 무엇이든지 원하는 대로 구하면 이룬다는 것입니다. 주님께서는 그렇게 말씀하시지 않았습니다. "너희가 내 안에 거하고" 이게 무슨 말입니까? 내가 포도나무인데 네가 포도나무 가지가 되어서 나한테 붙어 있고 내 말이 너희 안에 거하면 내 포도나무 진액이 너 가지에게 흐르면 뭐든지 구하라는 말입니다. 여러분, 포도나무에 붙어 있는 나뭇가지가 '아, 나는 포도나무지만 나는 사과를 좋아해. 농부여, 올해 사과 열리게 해주세요'라고 백 번 기도한들 그게 이루어지겠습니까?

그런데 그 가지가 자기가 포도나무 가지인 것을 알아서, 내가 좀더 향기로운 포도, 좀더 생명이 영근 포도를 맺을 수 있게 해달라 할 때 그 농부이신 아버지가 그 포도나무 가지의 소원을 들어주시지 않겠습니까? 여러분, 목사로서 여러분을 사랑하는 마음으로 간곡히 말씀드립니다. 여러분의 신앙 수준은 여러분의 기도 수준과 정비례합니다. 여러분이 평생을 예수 믿고 평생을 새벽기도회에 다녔어도 여러분의 기도가 먹고사는 문제에 매여 있다면 그것이 여러분 신앙 수준입니다.

여러분이 지금 가진 것이 없고 주머니가 비어 있고 내일 먹을 양식이 없다 할지라도 하박국 선지자의 말처럼 우리에 양이 없어도 내가 어떻게 포도나무에 붙은 가지로서 더 좋은 열매를 맺을까 존재적인 기도를 드린다면, 여러분들은 주님께서 그 기도를 감격해하시는 성숙한 그리스도인들입니다.

바울의 기도를 주님께서 감탄하고 계십니다. 12절입니다.

—— **그가 아나니아라 하는 사람이 들어와서 자기에게 안수하여 다시 보게 하는 것을 보았느니라 하시거늘**(행 9:12)

지금 바울이 존재적인 기도를 드리는데, 주님께서 감탄사를 터뜨릴 만큼 기뻐하시는 기도를 드리는데, 일면식도 없는 아나니아라는 사람이 들어와서 자기 머리에 안수해서 시력을 회복시켜 주는 것을 지금 바울이 보고 있습니다. 기도 중에 어떻게 바울이 봅니까? 신통술이 있어서입니까? 아닙니다.

존재적인 기도를 드리는 바울로 하여금 기도 속에서 주님께서 보게 해주신 것입니다. 이것이 기도의 묘미입니다. 여러분, 바울은 지금 육안이 없습니다. 육체의 눈은 멀었습니다. 육체의 눈이 멀었는데 주님께서 기도하는 바울로 하여금 보게 해주십니다. 일면식도 없는 아나니아가 자기에게 다가와서 자기 머리 위에 안수하는데 자기가 눈을 뜨는 것을 봅니다. 무엇으로 보는 것입니까? 영안으로 보는 것입니다.

다메섹으로 그리스도인들을 잡으러 가는 바울에게 주님께서 빛으로 임하셔서 빛이신 당신을 보여 주셨습니다. 주님의 첫 번째 계시입니다. 사도행전 22장 6절을 보면 이때가 정오라고 그랬습니다. 정오면 태양 빛이 가장 밝을 때 아닙니까? 그런데 사도행전 26장 13절을 보니까 해보다 더 밝은 빛으로 주님께서 자기에게 임했습니다. 여기에 성냥불이 하나 있다고 할 때 촛불이 오면 성냥불은 어두워집니다. 촛불이 있는데 전깃불이 있으면 촛불은 어두워집니다. 태양보다 더 밝은 빛이 오면 태양은 어둠입니다. 그 빛이신 주님을 보는 순간에 바울은 시력을 상실했습니다. 육안으로는 볼 수 없는 주님을 육안으로 봤기 때문입니다. 주님께서 처음 자기를 보여 주셨습니다.

두 번째로 바울이 기도하는데 아나니아가 와서 자기에게 안수해서 눈이 열리는 것을 주님께서 또 보게 해주셨습니다. 주님께서 아나니아에게 '자, 아나니아야. 그가 기도하는데 기도하는 중에 네가 들어와서 자기에게 안수해서 다시 보게 하는 것을 보았다' 하십니다. 이 이야기는 무슨 말입니까? 주님께서 아나니아에게 '아나니아야, 네가 바울을 찾아가서 머리에 안수해서 그 눈을 다시 뜨게 해줘라'는 명령 아닙니까? 13절에서 14절입니다.

—— **아나니아가 대답하되 주여 이 사람에 대하여 내가 여러 사람에게 듣사온즉**(행 9:13상)

한두 사람이 아니라 여러 사람에게 들었습니다.

—— **그가 예루살렘에서 주의 성도에게 적지 않은 해를 끼쳤다**(행 9:13중)

적은 해가 아니라 적지 않은 해, 엄청난 박해를 했습니다.

—— **끼쳤다 하더니 여기서도 주의 이름을 부르는 모든 사람을**(행 9:13
하-14상)

여기서도 예수 믿는 그리스도인 한두 명을 잡으러 온 것이
아니라 모든 사람을 잡으러 왔습니다.

—— **결박할 권한을 대제사장들에게서 받았나이다 하거늘**(행 9:14하)

주님께서 아나니아에게 '너 직가에 유다 집에 있는 바울 찾
아가서 안수기도 해줘라' 말씀하시니까 지금 아나니아가 이의를
제기하는 것입니다. '주님, 제가 한두 사람에게 들은 것 아닙니
다. 수많은 사람들이 이야기했습니다. 예루살렘에서 수많은 사
람들이 바울 때문에 박해를 받았습니다. 여기에도 모든 그리스
도인들을 잡으러 왔습니다.' 무슨 말입니까? '이런 인간은 차라
리 눈 먼 상태로 내버려 두십시오. 이런 인간이 천벌을 받아서

혹 눈먼 거 아닙니까? 그냥 내버려 두세요. 내버려 두시는 것이 교회와 그리스도인들에게 유익합니다.' 아나니아의 이의 제기입니다. 15절입니다.

—— **주께서 이르시되 가라**(행 9:15상)

주님께서는 단호하십니다. 아나니아의 이의 제기를 받으시고 '가라' 하십니다.

—— **이 사람은 내 이름을 이방인과 임금들과 이스라엘 자손들에게 전하기 위하여 택한 나의 그릇이라**(행 9:15하)

'네가 그를 어떻게 평가하든지 상관없이 바울은 나의 택한 그릇, 나의 도구다.' 무슨 도구입니까? 자, 보십시오. 이스라엘 백성이 있습니다. 이스라엘 백성을 제외하고는 다 이방인이라고 했습니다. 이스라엘 백성과 이방인이라면 세상 모든 사람입니다. 거기에 임금들이 있습니다. 존귀한 사람들입니다. 그러니까 이방인과 임금들과 이스라엘 사람들, 이 세 그룹만 이야기하면 천하만민, 빈부귀천, 남녀노소 다 해당되는 것입니다. 그 모든 사람들을 위한 내 그릇이라는 말입니다. 지난번 주제로 말씀드린다면 그 모든 사람을 위해서 내가 X의 그릇으로 쓸 사람이라는 말입니다. 헬라인이나 야만인이나 지혜 있는 자나 어리석은 자나 내가 이 바울을 통해서 구원해 낼 그 그릇이라는 말입니다. 16절입니다.

—— **그가 내 이름을 위하여 얼마나 고난을 받아야 할 것을 내가 그에게 보이리라 하시니**(행 9:16)

고난, 그 자발성

바울은 주님께서 택하신 주님의 도구이기는 한데 고난의 도구입니다. 여러분, 이런 구절은 이해하기 힘듭니다. 주님께서 한 인간을 당신의 도구로 선택하시는데, 도구로 선택하시는 순간부터 죽을 때까지 고난만 받는 도구이어야 합니다. 하나님이 가학적인 하나님처럼 여겨집니다. 어떻게 이럴 수 있습니까? 그런데 이런 오해는 헬라어 원문을 보면 해소됩니다. '고난받다'로 번역된 헬라어 동사 '파스코'(πάσχω)가 헬라어 원문에 수동태가 아니라 능동태로 기록되어 있습니다. 만약에 수동태로 기록되어 있다면 바울이 불가항력적인 상황 속에서 어쩔 수 없이 죽을 때까지 피동적으로 고난만 받다가 죽어야 하는 그릇이 되어야 합니다. 그런데 원문에 능동적으로 기록되어 있다고 하는 것은 바울이 자발적으로 고난을 받는다 해도 고난의 길을 스스로 선택하는 것입니다.

고난받는 길을 스스로 선택한다는 것은 바꾸어 말하면 스스로 선택 안 할 수도 있습니다. 스스로 선택 안 할 수도 있는 길을 스스로 선택한다고 하는 것은 본인이 그것이 더 유익한 길임을 알 때에만 가능한 것입니다. 그것을 알고 바울이 스스로 그 길을 선택할 것이라는 뜻입니다.

주님께서 부활 승천하시면서 마지막으로 우리에게 내리신 지상 최후 최대의 명령이 있지 않습니까? 땅 끝까지 이르러 내 증인이 되라는 것입니다. 그 증인이라는 말, 그러니까 이제 바울은 주님의 증인으로 사는 주님의 도구로 선택된 것입니다. 그리고 그 증인으로 살기 위해서 스스로 고난받는다 해도 고난의 길을 자발적으로 택하는 사람이 된 것입니다. 그런데 이 증인이라는 말이 헬라어 원문에 '마르튀스'(μάρτυς)라고 기록되어 있는데 이 마르티스에서 파생된 말이 '마터'(martyr), 순교자입니다. 주님께서 말씀하신 증인은 자기의 이해관계에 따라서 증언을 이렇게도 하고 저렇게도 하고, 왜곡도 하고 가미도 하는 증인이 아니고 자기가 본 예수 그리스도, 그 들은 복음을 바르게 증언하기 위해서 죽어도 좋다고 생명을 거는 증인입니다. 왜 생명을 겁니까? 왜 생명을 걸다가 죽어도 그 증인이 됩니까? 그게 사는 길이기 때문입니다. 주님께서 마태복음 16장 25절에서 이렇게 말씀하십니다.

**—— 누구든지 제 목숨을 구원하고자 하면 잃을 것이요 누구든지 나를
위하여 제 목숨을 잃으면 찾으리라**(마 16:25)

사람들은 전부 자기에게 목숨을 겁니다. 그런데 우리 각자가
무엇입니까? 말씀드렸듯이 썩어 문드러지는 고깃덩어리입니다.
그럴듯하게 앉아 있지만 몇십 년 후에 우리 없습니다. 다 썩고
없습니다. 내가 나에게 목숨을 거는 것은 썩어 문드러지는 고깃
덩어리에 내 목숨 거는 것입니다. 망하는 것입니다. 내가 예수의
증인이 되기 위해서 내 목숨을 거는 것은 죽음을 깨뜨리고 영원
히 부활하신 그분에게 영원한 생명을 얻기 위해 내 생을 거는 것
입니다. 그게 사는 길입니다. 그러니까 바울은 고난당하는 길을
선택하지 않을 수도 있고 선택할 수도 있지만 왜 그 길을 계속
선택합니까? 그게 사는 길임을 아는 것입니다. 어떻게 압니까?
16절을 다시 보겠습니다.

**—— 그가 내 이름을 위하여 얼마나 고난을 받아야 할 것을 내가 그에
게 보이리라 하시니**(행 9:16)

주님께서 보여 주시는 것입니다. 당신에게 생명을 거는 길,

목숨을 거는 길, 당신을 위해서 고난당하는 길을 자발적으로 선택할 때 그 길이 얼마나 영원토록 유익한지를 주님께서 보여 주시는 것입니다. 그래서 그 길을 선택하는 것입니다. 말씀드렸습니다만 바울이 그 고난의 길을 자발적으로 선택한 뒤에 어떤 결과가 있었습니까? 바울이 쓴 글이 신약성경의 4분의 1이 되었습니다. 복음서를 제외하면 신약성경 3분의 1입니다. 사도행전이 28장까지 있는데 사도행전 9장부터 바울의 독무대입니다. 사도행전 9장부터 '바울이 무엇을 했는가', '바울이 어떻게 설교했는가', '바울이 핍박받고 모함받을 때에 어떻게 반응했는가' 그게 사도행전입니다.

그 바울 한 사람으로 인해서 로마제국이 뒤집어졌습니다. 주님께서 시공을 초월해서 그걸 보게 하시는 것입니다. 바울은 그것을 보면서 잠시 고난이 온다 할지라도 자발적으로 그 길을 걸어가는 것입니다.

자, 주님께서 바울에게 빛이신 당신을 보여 주셨습니다. 기도하는 바울에게 아나니아가 자기에게 와서 안수해서 다시 시력을 회복하는 것을 보게 해주셨습니다. 이제부터 바울이 살아가는데 고난을 당할지언정 주님을 따르는 길이 얼마나 유익한지를 주님께서 보여 주십니다. 이처럼 주님께서는 보여 주십니다. 우리 주님은 보여 주시는 주님이십니다.

오늘도 말씀을 통해서, 이 세상의 모든 현상을 통해서 주님께서는 우리에게 보여 주십니다. 중요한 것은 그 주님께 반응하는 우리 자신입니다. 바울은 보여 주시는 그 주님을 바라보면서 바르게 반응했습니다. 그래서 그는 로마제국, 그 거대한 로마제국에서 무명의 존재에 가까웠지만 시공을 초월해서 그가 뿌린 씨앗으로 인해 로마제국은 뒤집어졌습니다. 그런데 지난 설교의 그 부자 청년은 어떻습니까? 주님께서 당신 자신을 부자 청년 앞에 보여 주셨습니다. 그 부자 청년이 어떻게 살아야 할 것인지 길을 보여 주셨습니다. 다 봤습니다. 그 청년은 응답하지 않았습니다. 근심하며 돌아갔습니다. 우리가 믿을 때 주님께서는 매번 보여 주십니다. 다음은 우리 차례입니다. 17절입니다.

—— 아나니아가 떠나 그 집에 들어가서 그에게 안수하여 이르되(행 9:17상)

여러분, 주님께서 아나니아에게 '일면식도 없는 바울에게 가서 안수해 줘라' 하시니까 아나니아가 이의를 제기하지 않았습니까? '주님! 주님께서 잘 모르시는 것 같은데 바울은 폭도입니다. 많은 사람 당했습니다. 지금 이 다메섹에도 온 그리스도인들이 다 알 것입니다. 그냥 내버려 두시죠.' 그런데 주님께서 '가라', 명령하셨습니다. 그 명령 앞에서 아나니아는 토를 달지 않았습니다. 그냥 갔습니다. 이제는 순종하는 일만 남은 것입니다.

—— 아나니아가 떠나 그 집에 들어가서 그에게 안수하여 이르되 형제 사울아 주 곧 네가 오는 길에서 나타나셨던 예수께서 나를 보내어 너로 다시 보게 하시고 성령으로 충만하게 하신다 하니(행 9:17하)

머리에 손을 얹고 안수하면서 '자, 이제 주님께서 다시 보게 하시고 성령으로 충만하게 하신다. 다시 보게 하신다'라고 해서 바울이 의학적인 치료 방법을 통해서 예전의 눈으로 회복된다는 말이 아닙니다. 예전에는 단순한 육체의 눈이었다면 '성령으로 충만하게 하신다', 이제는 성령의 안경으로 보는 눈입니다. 똑같은 눈인데 똑같은 눈이 아닌 것입니다. 18절입니다.

—— 즉시 사울의 눈에서 비늘 같은 것이 벗어져(행 9:18상)

두 눈을 뜬 사람

아나니아가 안수하는 순간에 바울의 눈에서 비늘이 벗겨졌습니다. 무슨 비늘이겠습니까? 자기 욕망의 비늘, 자기 이기심의 비늘, 자기중심의 비늘, 우리 눈에 끼여 있는 비늘입니다. 여러분, 바울이 하나님 믿는 사람 아닙니까? 중요한 사실은 자기 욕망, 자기 이기심, 자기중심의 비늘을 뒤집어쓰고 사는 한, 우리가 아무리 하나님을 믿어도 이 세상에 우리의 시선을 고정시키고 사는 외눈박이로 살아갈 수밖에 없습니다.

여러분, 하나님께서 우리에게 눈을 두 개 붙여 주셨음을 잊지 마십시다. 하나님은 우리에게 눈을 두 개 주셨습니다. 그런데 우리는 자기 욕망과 이기심의 비늘을 스스로 뒤집어쓰고, 목전, 마치 외눈박이처럼 목전, 이 세상 이외에는 못 봅니다. 바울이 그랬습니다. 그런데 그 비늘이 벗겨졌습니다. 18절입니다.

—— **즉시 사울의 눈에서 비늘 같은 것이 벗어져 다시 보게 된지라**

(행 9:18상)

비늘이 벗겨지면서 바울이 다시 보게 되었습니다. '다시 보다'는 헬라어 동사 '아나블레포'(ἀναβλέπω), '아나'(ἀνα)라는 접두사와 '블레포'(βλέπω)라는 동사가 합쳐진 합성 동사인데 '아나'라는 이 접두사는 '다시'라는 의미도 되지만 '위로'를 가리키는 전치사입니다. 바울이 다시 보게 되었다는 것이 아니라 비늘이 벗겨지면서 비로소 위로 향하는 눈을 가지게 되었습니다. 이제 두 눈들이 되었습니다. 한 눈으로는 세상을 보면서 한 눈으로는 주님을 보는 눈을 가졌습니다. 주님을 보는 눈을 보고 주님을 바라보면서 이 세상을 가야 할 길을 봅니다. 두 눈들의 사람이 되었습니다. 18절입니다.

—— 즉시 사울의 눈에서 비늘 같은 것이 벗어져 다시 보게 된지라 일어나 세례를 받고(행 9:18)

주님을 바라보는 눈을 얻고 두 눈들의 사람이 되는 순간에 바울이 일어나서 세례를 받았습니다. 왜 세례를 받았겠습니까? 바울은 로마서 6장에서 세례를 그리스도와의 연합이라고 스스로 정의했습니다. 세례는 십자가에 못 박혀 죽으신 예수 그리스도와 연합해서 우리의 옛 사람이 못 박혀 죽어 없어지고, 죽음을 깨뜨리고 부활하신 예수 그리스도와 연합하여 우리가 새 사람으로 거듭나는 것입니다. 그것이 세례라고 썼습니다.

바울이 그런 목적으로 세례를 받은 것입니다. 여러분, 세례는 다 강에서 받지 않았습니까? 예수님도 요단강에서 세례, 그러니까 침례를 받으신 것입니다. 요즘은 그 의미를 생각하면서 머리 위에 세례를 하는데 아직도 침례교는 저 강단 뒤에 목욕탕 만들어 놓고 침례하지 않습니까? 그런데 머리 위에 물을 뿌린다 해도 여러분들이 침례의 그 본뜻을 머릿속에서 생각하지 않으면 안 됩니다. 물속에 잠기는 침례를 생각해 보십시오. 내가 요단강에 푹 잠길 때 호흡을 끊어야 합니다. 죽는 것입니다. 호흡을 끊고 물속에 들어갈 때 나의 옛사람은 그리스도의 십자가에 못 박히신 그리스도와 연합해서 죽는 것입니다. 그리고 세례식이 끝나고 머리를 치켜들고 나올 때 참았던 숨을 '후우' 내쉽니다. 그

때부터 나의 숨이 아닙니다. 부활하신 예수 그리스도와 연합해서 새 생명을 시작하는 것입니다.

바울이 그래서 세례를 받았습니다. 바울이 로마서에서 세례를 이렇게 정의하고 갈라디아서 3장 27절에 또 세례를 이렇게 정의해서 보완했습니다.

—— **누구든지 그리스도와 합하기 위하여 세례를 받은 자는 그리스도로 옷 입었느니라**(갈 3:27)

세례는 그리스도의 유니폼을 입는 것입니다. 여러분, 세상에는 유니폼을 입는 사람들이 있습니다. 의사, 군인, 간호사, 경찰 다 유니폼 입습니다. 그 사람들이 도덕적으로 잘못해 보십시오. 여론으로부터 뭇매를 맞습니다. 가령 어떤 사업가가 거래처 사람들 열 사람을 속여 가지고 한 사람한테 1만 불씩, 10만 불을 사기쳤다면 기사가 난다 해도 크게 나지 않을 것입니다.

그런데 의사가 환자들 열 명을 속여서 10만 불을 사기쳤다면 아마 사회면에 크게 날 것입니다. 경찰관, 간호사가 어떤 사기를 쳤다면 크게 납니다. 왜입니까? 유니폼, 제복을 입는 사람은 제복에 대해서 무한 책임을 지겠다는 공개적인 약속으로 제복을 입습니다. 그러니까 의사가 제복을 입었다고 하면 그 제복을 입은 의사는 제복에 걸맞은 인격을 갖추었을 것이라고 생각하는 것입니다. 그런데 의사가 제복에 걸맞지 않은 사기를 쳤다, 군인이 제복에 걸맞지 않게 매국적인 행위를 했다면 매도당하는 것입니다.

여러분, 오늘날 교회가 왜 세상으로부터 난타를 당합니까? 우리는 그리스도의 유니폼을 입은 사람입니다. 세상 사람들은 우리가 예수의 유니폼을 입고 어떻게 사는지 보는 것입니다. 그런데 전혀 유니폼에 걸맞지 않게 사는 것입니다. 자기들하고 구별 안 되는 것입니다. 그러니까 난타를 당합니다. 바울은 세례를 받았습니다. 그 순간 그는 그리스도로 옷 입었습니다. 그리스도를 위해서 죽고, 무엇을 먹든지 마시든지 그리스도를 위해서 살리라 결심하면서 그리스도로 옷을 입은 것입니다. 19절입니다.

—— **음식을 먹으매 강건하여지니라** (행 9:19상)

여러분, 성경을 읽으면 이런 말은 필요 없는 말처럼 보입니다. 요즘도 학교에서 아이들 방학숙제로 한 달 동안 일기 써 오라고, 선생님이 일기 검사하는지 모르겠습니다. 옛날에는 꼭 방학 때가 되면 일기를 써서 제출하라 그러지 않습니까? 그러면 학생들 가운데에 거의 90퍼센트 이상이 개학하기 전날 이제 한 달 일기 써야 되지 않습니까? 뭐했는지 기억 안 나지 않습니까? 칸은 채워야 되니까 이렇게 매일 일기가 시작하지 않습니까? '아침에 일어나서 이 닦고 밥 먹었다.' 그렇게 쓰다가 좀 미안하면 이렇게 씁니다. '오늘은 아침에 새로 산 치약으로 이 닦고 밥 먹었다.'

언뜻 보면 이게 꼭 그런 구절 같습니다. '음식을 먹고 강건하여졌다.' 이 말은 꼭 있어야 되는 것입니다. 식음을 전폐하던 바울이 세례를 받고 눈에 비늘이 벗겨지고 아나블레포, 위를 바라보는 눈을 회복해서 두 눈들의 사람이 된 다음에 음식을 먹기 시작합니다. 일상의 삶으로 돌아왔습니다. 그런데 그 일상의 삶은 예전의 일상의 삶과는 전혀 다른 삶입니다. 예전에 일상의 삶이 외눈박이의 일상이었다면 지금은 두 눈들을 가진 사람의 일상. 예전의 일상이 세상을 목적으로 하는 일상이었다면 지금은 아나블레포, 주님을 바라보면서 주님을 따르는 일상입니다. 옛날의 일상이 내 야망을 좇는 일상이었다면, 지금은 주님의 그릇으로 살기 위한 일상입니다. 바꾸어 말하면 일상의 소명의 삶이 시작된 것입니다.

소명에 대하여

우리는 오늘 이 본문을 통해서 소명과 관련해서 네 가지의 가르침을 얻게 됩니다. 첫 번째 가르침입니다. 소명은 하나님의 부르심을 받는 것입니다. 공무원에게 소명은 대통령의 부르심입니다. 대통령의 전화 한 통 오면 이건 할렐루야입니다. 이건 장관을 하라든가, 뭔가 승진하는 것입니다. 대기업에 다니는 직원에게 소명은 기업 총수의 부르심입니다. 그리스도인에게 소명은 이 세상 그 어떤 인간의 부름도 아닙니다. 주님의 부르심입니다.

두 번째 가르침입니다. 그리스도인에게는 크게 두 가지의 소명이 있습니다. 첫 번째 소명은 주님께서 우리를 구원해 내시는 구원의 부르심입니다. 이건 우리 다 받은 것입니다. 아가펜 프로텐을 우리에게 임하게 하시고 우리를 불러 내셔서 에클레시아, 교회가 되게 하셨습니다.

두 번째 소명이 있습니다. 소명 이후의 소명입니다. 두 번째 소명은 구원의 소명, 부르심을 받은 이후에 일상의 소명입니다. 매일매일의 삶이 주님의 부르심에 응답하는 삶이어야 합니다. 많은 그리스도인들이 일상의 삶을 살다가 결심하고 누군가가 신학교 가거나 누군가가 선교지를 향해서 떠나면 '저분들 소명 받았다', 소명인이라고 합니다. 맞습니다. 그것도 소명입니다. 그러나 그 소명 역시 일상의 소명이어야 합니다. 목사 되는 사람 자신도, 선교사 되는 사람 자신도, 목사가 되고 선교사 되는 그 부르심만 소명이라고 생각하지 그것이 일상의 소명이라고 생각하지 못하기 때문에 목사와 선교사가 되어서 실족하는 사람, 우리 얼마나 많이 봅니까?

소명은 일회적이 아닙니다. 주님의 소명은 지속적입니다. 매일매일 임합니다. 우리가 보는 성경을 통해서, 주일 예배를 통해서, 우리의 묵상을 통해서, 믿는 이들과의 대화를 통해서, 뉴스 보도를 통해서 주님은 각각의 방법으로 매일매일 우리가 삶의 현장에서 어떻게 해야 할 것인지 알게 하시고 부르십니다. 거기에 응답하는 그것이 그리스도인의 삶입니다. 우리 일상이 소명이어야 하기 때문에 일상이 소명인 곳에 큰 소명, 작은 소명이 따로 없습니다. 그러나 일상의 소명에 어떻게 내가 응답하느냐에 따라서 결과는 엄청나게 달라집니다.

첫 설교에서 보지 않았습니까? 룻이라고 하는 모압 이방 여인은 일상의 부르심에 순종했을 뿐입니다. 자신도 남편 잃었는데, 청상과부가 되었는데 남편 잃은 시어머니를 위해서, 그 시어머니가 내게 전해 준 하나님을 위해서 그 시어머니 봉양하는 일상의 소명에 충실했을 뿐입니다. 그런데 그 일상의 소명에 충실했던 삶의 결과가 이스라엘 역사의 지평을 새롭게 하는 다윗의 탄생으로 이어졌습니다. 룻이 자기 당대에는 몰랐습니다. 그러나 죽어서 하나님의 나라에 가서 그 모든 하나님의 오묘한 섭리를 보면서 하나님을 찬양했을 것입니다.

세 번째로, 소명의 삶은 순종으로부터 시작됩니다. 소명은 내 속에서 나오는 것이 절대 아닙니다. 여러분, 소명은 내 머리에서 나오는 것이 아닙니다. 소명은 내 바깥에서, 내 외부에서, 그분으로부터 오는 것입니다. 그래서 그분으로부터 온 것이 틀림없다면 거기에는 순종밖에 없습니다.

저는 제가 목회하는 교회 교우님들이나 혹은 해외에 있는 젊은 교우님들로부터 메일을 받거나 편지를 받거나 상담 내용을 받는데 '신학교를 갈까요, 가지 말까요'라고 상담을 요청하면 저는 언제든지 답이 일정합니다. 가지 말라고 그럽니다.

누구에게 상담해야 하면 그것은 소명 아닙니다. 지금 이 자리에서도 지금 누군가와 상담해서 신학교 가려고 고민하는 분, 그것은 소명 아닙니다. 외부에서 주님으로부터 소명이 오면 순종 이외에는 없습니다. 어떻게 하나님의 부르심을 인간이 상의해서 결정합니까? 불가능합니다.

마지막으로 소명의 삶은 두 눈들을 가진 사람에게만 가능합니다. 한 눈으로 위를 향해 주님을 바라보는 사람만 또 한 눈으로 이 세상을 꿰뚫어보면서, 이 세상 속에서 주님의 부르심을 실천해 갈 수 있습니다. 자, 오늘 본문에 등장한 아나니아의 경우를 보십시다. 그 아나니아에게는 자기 견해가 있었습니다. '주님, 바울 저 인간 안 됩니다. 저 인간 때문에 얼마나 많은 교인들이 핍박받고 고통당한 거 아십니까? 저 인간은 눈 먼 저대로 둬야 교인들에게 유익합니다.' 이게 아나니아의 자기 소견입니다. 그런데 그 아나니아에게는 바울만 보는 하나의 눈이 아니라 주님을 보는 또 하나의 눈이 있었습니다. 주님께서 그에게 말씀하십

니다. '아니다. 바울은 이방인과 임금들과 이스라엘 백성들을 위해서 택한 나의 그릇이다. 가라.'

그가 주님을 보는 눈이 있을 때, 주님으로부터 내려오는 부르심에 그는 순종했습니다. '주님, 무슨 말을 그렇게 합니까? 주님 안 당해 보셔서 그렇죠. 저는 못 갑니다.' 그랬더라면 아나니아는 소명인이 아닙니다. '알겠습니다' 하고는 갔습니다. 그리고 눈 먼 상태로 그대로 있는 것이 좋겠다고 생각했던 그 바울을 찾아가서 주님의 부르심에 순종함으로 머리에 손을 얹고 기도했습니다. 그래서 위대한 사도 바울이 사도의 첫걸음을 떼는, 막을 올려 주는 위대한 주님의 제자가 되었습니다. 그런데 여러분, 그것이 아나니아의 일상이었습니다. 아나니아가 매일매일 주님의 부르심에 순종하는 소명의 삶을 사는 사람이 아니었더라면 그와 같은, 흉측한 폭도와 같은 바울에게 가라고 할 때, 아나니아는 끝까지 버티었을지도 모릅니다.

바울의 경우를 생각해 보십시다. 다메섹 도상에서 주님의 아가펜 프로텐이 빛으로 임했습니다. 첫 번째 소명입니다. 그를 불러냈습니다. 그리고 지금 오늘 본문에서 아나니아를 보내서 그의 눈에서 비늘을 벗기시고 주님을 바라보는 또 하나의 눈을 갖게 하심으로 그로 하여금 일상의 소명의 삶을 살게 하십니다. 이게 끝이 아닙니다. 이제부터 일상의 소명의 삶이 시작하는 것입니다. '나사렛 예수는 절대로 메시아일 수 없다'며 핍박한 것은 무슨 말입니까? '예수쟁이들이 십자가에 못 박혀 죽었던 예수가 살아났다고 하는 것은 다 사기다. 저건 다 사기꾼들이야'라고 박해하는 것 아닙니까? 그런데 그 예수님이 메시아였습니다. 견딜 수가 없습니다.

바울이 시력을 회복하자마자 나가서 너희들이 십자가에 못 박아 죽인 그분이 메시아라고 유대인들을 향해서 외쳤습니다. 유대교인들이 가만히 두겠습니까? 하루아침에 배교자가 되었습니다. 죽이려고 합니다. 그 살해 모의를 피해서 다메섹 성을 빠져나갑니다. 그리고 광야에서 3년 동안 혼자 경건훈련을 합니다. 주님만 바라보는 영혼의 깊이를 더해 갑니다. 예루살렘으로 올라갔습니다. 사도들을 만났습니다. 그리고 사도들과 함께 거기에서 주님을 증언하고 싶었습니다. 유대인들이 또 죽이려고 합니다. 예루살렘은 유대교 본교지 아닙니까? 그 유대교 본교지에서 다메섹에 있는 예수쟁이들 잡아오라고 바울을 보냈는데 이 바울이 와서 예수가 살아 있다고 하니까 이런 배교자가 어디에 있습니까? 바울은 저항하지 않았습니다. '주님께서 막으시는구나' 해서 동료들이 가이사랴까지 데리고 가서 고향 다소로 되돌려 보냈습니다.

고향 다소에서 몇 년을 있었습니까? 갈라디아서에 나와 있는 그의 고백을 연대순으로 계산을 하면 젊은 청년 바울이 고향 다소로 내려가서 13년을 칩거했습니다. 여러분, 그 바울이 다소에서 살다가 젊은 나이에 예루살렘으로 유학해서 최고의 스승 가말리엘의 문하생이 되고, 거기에서 젊은 나이에 승승장구해서 다메섹에 있는 그리스도인 잡으러 가는 그 연행조에 체포영장을 대제사장에게 받을 정도면 그 집안 식구들에게 바울은 자랑거리 아니겠습니까?

어느 날 이 바울이 고향 다소로 왔습니다. '어, 휴가 왔나?' 안 갑니다. 그런데 한 달 지나도 안 갑니다. 1년이 지나도 안 갑니다. 2년이 지나도 안 갑니다. 웬만한 청년 같으면 조울증 걸리지 않겠습니까? 그러나 바울은 그러지 않았습니다. 그 13년 동안 자기를 새롭게 빚으시는 주님의 손에 자기를 맡겼습니다. 13년이 지났을 때 안디옥 교회 바나바 목사가 와서 공동 목회를 하자고 제안을 했습니다. 주님께서 보내신 것입니다. 바울은 두말 않고 순종했습니다. 거기에서 이제 좀 목회가 뭔지 알 만하니까 1년이 지났는데 성령님께서 바울을 전도자로, 선교사로 파송되게 하라고 명령하셨습니다.

바울의 인생 수첩에는 목사가 되는 계획도 없었고 선교사가 되는 계획도 없었습니다. '주님, 내 목회 좀 더 하구요.' 아닙니다. 순종했습니다. 1차 전도여행을 공동 담임 목회하던 바나바와 둘이 떠나면서 마가라고 하는 부잣집 아들을 수행원으로 데리고 갔습니다. 이 부잣집 아들이 그 고된 전도여행을 견디지를 못했습니다. 그래서 구브로 섬에서 버가에 도착하고는 말도 하지 않고 중도하차해서 집에 가버렸습니다.

여러분, 당시 전도여행은 호텔이 없지 않습니까? 자동차, 기차 없지 않습니까? 걸어가다가 배고프면 허리춤에 차고 있던 식은 빵 뜯어 먹고, 밤이 되면 길바닥에 누워서 노숙합니다. 치약 있습니까? 이 못 닦습니다. 아침이면 개울가에서 얼굴 닦습니다. 우리가 오늘날의 관점으로 보면 거지 몰골 하고 다니는 것입니다. 그런 몰골을 하면서 죽음의 산맥인 타우루스 산맥을 넘어서 비시디아 안디옥을 가서 이고니온, 루스드라, 더베까지 갔다가 안디옥 교회로 되돌아갔습니다.

얼마 후에 2차 전도여행을 시작하자고 했습니다. 그런데 1차 전도여행 때에 무책임하게 중도하차 했던 마가를 바나바는 자기 인척이기 때문에 다시 데리고 가자고 합니다. 바울은 그것은 주님의 뜻이 아니라고 생각을 해서 '그러면 바나바, 너는 마가하고 떠나라. 나는 실라하고 갈게' 해서 바나바가 마가를 데리고 1차 전도여행 첫 번째 귀착지인 구브로 섬으로 안디옥에서 내려갔습니다. 바울은 그 길로 가지 않기 위해서 거꾸로 북쪽으로 올라갔습니다. 그래서 오늘날 터키 대륙 중앙, 그 옛날 아시아라고 불리는 지방에서 바울은 계속 전도여행을 하려고 했는데 어떻게 막으셨는지 모르지만 성령께서 허락하시지 않았습니다. 바울은 이의를 제기하지 않았습니다. 그래서 터키 대륙 북쪽으로 올라갔습니다. 북쪽으로 올라가서 비두니아 동쪽으로 나가려고 했습니다. 성령께서 또 그 길 앞에 빨간 불을 켜셨습니다. 어떻게 켜셨는지 우리는 모릅니다. 바울은 알았습니다.

아나블레포하면서 '아, 나는 이 길을 가고 싶은데 주님께서 막으시는구나'라고 순종했습니다. 그래서 180도 돌아섰습니다. 동쪽으로 가려고 하다가 180도 돌아서서 서쪽 해안을 따라서 계속 내려가다가 도착한 곳이 드로아입니다. 그 드로아에서 의사 누가를 만났습니다. 그 의사 누가가 바울로부터 복음을 영접하고 바울과 동행하면서 사도행전을 기록하게 됩니다. 뿐만 아니라 그날 밤에 바울이 환상을 보았습니다. 에게 해 건너 마케도니아 사람이 와서 도와 달라는 환상입니다.

사도행전 16장을 보면 '아, 주님께서 우리를 부르시는구나'가 아니라 '주님께서 우리를 부르시는 것으로 인정하고' 에게 해를 건너서 유럽 대륙으로 갑니다. 여러분, 만약에 바울이 자기 계획과 자기 뜻대로 움직였다면 아시아 대륙 출신인 바울은 절대로 유럽 대륙을 전도하지 못했을 것입니다. 바울은 일상의 삶에서 늘 주님의 부르심을 따랐습니다. 빨간 불 켜지면 돌아가고 파란 불 켜지면 갔습니다. 그 결과 바울의 사전에 없던 유럽 대륙에 첫 발을 내딛는 첫 번째 그리스도인이 되었습니다. 그리고 데살로니가, 빌립보, 아테네를 거쳐서 고린도까지 가서 복음을 전합니다.

일상의 부르심에 순종한 바울

이처럼 바울의 일평생은 그 이후 참수형을 당해서 죽을 때까지 매일의 일상이 주님의 부르심에 순종하는 소명의 삶이었습니다. 바울이 무슨 큰 비전을 가지고 그 비전을 향해서 간 것 아닙니다. 많은 사람들이 바울이 다메섹에서 주님을 만나자마자 로마 복음화의 꿈을 안고 로마 복음화를 목표로 삼았다고 합니다. 거짓말입니다. 바울은 매일 일상을 주님의 부르심에 순종하면서 살다가 에베소에 가서 '아, 내 생을 던질 곳이 로마구나'를 인생 말년에 알았습니다. 우리가 사도행전을 통해서 보는 그 바울의 모든 행적, 바울의 일상의 소명의 삶이었습니다.

바울이 그런 일상의 소명을 살 수 있었던 것은 주님의 부르심에 민감하게 눈 떠 있는 한 눈을 갖고 있었기 때문입니다. 바울이 고린도후서 4장 18절을 통해 이렇게 고백합니다.

—— 우리가 주목하는 것은 보이는 것이 아니요 보이지 않는 것이니 보이는 것은 잠깐이요 보이지 않는 것은 영원함이라(고후 4:18)

우리말로는 '주목하다'라고 돼 있지 않습니까? 헬라어 동사로 '스코페오'(σκοπέω)입니다. 스코페오는 주시하다, 주목하다, 관찰하다 이런 말입니다.

바울은 매일매일 눈을 감든 눈을 뜨든 오늘도 주님께서 말씀으로, 이 세상에서 일어나는 모든 일로 나를 어떻게 부르시는지 주목했습니다. 주시했습니다. 관찰했습니다. 그래서 그의 일상이 주님의 뜻을 이루는, 주님의 도구 된 삶을 살게 된 것입니다. 바울의 3차 전도여행도 고린도에서 끝납니다. 고린도에서 3차 전도여행을 끝낸 바울이 예루살렘으로 올라가서 사도들을 만난 뒤에 자기를 파송한 안디옥 교회로 되돌아가리라 계획을 하고 배를 타고 예루살렘으로 귀환하려고 했는데 고린도에 있는 유대인들이 배 위에서 바울을 암살하려고 하는 모의가 바울에게 알려졌습니다. 그러니까 옛날 배는 보안이 엉성하니까 바울을 눈엣가시처럼 여기는 유대인들이 '옳다구나. 바울이 여기서 배를 타고 예루살렘으로 간다고? 그럼 우리 같이 타자' 그리고 밤에 바울을 잡아서 그냥 물에 집어넣어 버리면 되는 것입니다. 아무도 모르는 것입니다.

바울이 그 사실을 알고 다시 발칸 반도를 걸어서 빌립보, 데살로니가를 거쳐서 네압볼리에서 배를 타고 드로아로 갑니다. 그리고 드로아에서 마지막 날 교인들과 작별의 정을 나누면서 설교하는 동안에 유두고라는 사람이 하루 종일 노동의 그 피곤함을 견디지 못하고 2층 창가에서 떨어져 죽었을 때 그를 살리지 않습니까? 그러고는 밀레도로 에베소의 장로들을 부릅니다. 장로들에게 마지막 유언을 남기는 것입니다. 살아 있는데, 멀쩡

하게 살아 있는데 이제 다시는 에베소 장로들을 보지 못할 줄 알고 유언을 남기는데 그 유언 내용 중 일부가 사도행전 20장 22절에서 24절입니다.

—— **보라 이제 나는 성령에 매여 예루살렘으로 가는데 거기서 무슨 일을 당할는지 알지 못하노라**(행 20:22)

여러분, 지금 바울은 자기 계획, 자기 의도로 예루살렘에 가는 것 아닙니다. 성령에 매여 갑니다. 성령께서 지금 가라고 부르시는 것입니다. 그래서 예루살렘을 향해서 가긴 갑니다. 그런데 거기서 구체적으로 어떤 일이 일어날지는 지금 아직 모릅니다. 23절입니다.

—— **오직 성령이 각 성에서 내게 증언하여 결박과 환난이 나를 기다린다 하시나**(행 20:23)

지금 바울이 고린도를 출발해서 빌립보, 데살로니가, 네압볼리, 드로아를 거쳐서 도시를 거칠 때마다 성령께서 계속 일러주시는 것입니다. '바울아, 너 지금 가는 예루살렘 그 길은 박수갈채와 영광의 길이 아니다. 그 길은 환난과 결박의 길이다.' 성령님께서 미리 알려 주시는 것입니다. 그럼 여러분, 믿음은 해석 아닙니까? 주님의 어떤 말씀을 받았다면 내가 이것을 어떻게 해석할 것인가는 나의 몫입니다. 여러분이면 어떻게 해석하시겠습니까?

만약에 저라면 어디를 가려고 계획하고 가는데 발걸음을 뗄 때마다 성령님께서 '재철아, 거기 가면 너 결박 환난 당한다', 또 발걸음 떼면 '재철아, 결박과 환난 당한다' 그러면 저는 이렇게 해석하지 않겠습니까? '아, 성령께서 나를 사랑하셔서 가지 말라고 말리시네.' 그래서 감사 헌금하고 딴 데 갑니다. 그런데 바울의 고백이 이렇습니다.

—— 오직 성령이 각 성에서 내게 증언하여 결박과 환난이 나를 기다린다 하시나 내가 달려갈 길과 주 예수께 받은 사명 곧 하나님의 은혜의 복음을 증언하는 일을 마치려 함에는 나의 생명조차 조금도 귀한 것으로 여기지 아니하노라(행 20:23-24)

주석을 가하면 이런 것 아닙니까? 에베소 장로들 앉혀 놓고, '여러분, 성령님께서 지금 내가 예루살렘에 가면 결박과 환난이 나를 기다린다고 내가 투옥당할 것이라고 계속 가르쳐 주십니다. 그런데 여러분 나는 결심했습니다. 내가 주님께로부터 부여받은 사명 곧 하나님의 은혜의 복음을 증언하는 일을 마치려 하면은 나는 나의 생명을 조금도 아까워하지 않고 나는 예루살렘으로 가기로 결심했습니다'라는 이야기 아닙니까? 바울이 어떻게 이렇게 결심을 했겠습니까? 바울이 밀레도에서 에베소 장로들에게 이렇게 자기의 결심을 밝히기 전에 사도행전 20장 13절이 이렇게 증언합니다.

—— **우리는 앞서 배를 타고 앗소에서 바울을 태우려고 그리로 가니 이는 바울이 걸어서 가고자 하여 그렇게 정하여 준 것이라**(행 20:13)

바울이 유럽 대륙에서 에게 해를 건너서 이제 드로아에서부터 밀레도로 향해 가는데 그 드로아에서 출발하면 첫 번째 항구가 앗소입니다. 그런데 바울이 누가와 디모데와 같은 자기 동역자들한테 '너희들은 배 타고 가라. 먼저 배 타고 앗소에 가서 나를 기다리라. 나는 걸어갈게'라고 합니다. 여러분, 이때 바울은 인생 말년의 노인입니다. 게다가 지병에 시달립니다. 누가가 의사 아닙니까? 바울의 건강 상태를 누구보다 잘 압니다. 바울이 혼자 걸어가겠다는데 누가가 '아, 선생님. 그렇습니까? 그러면 우리는 편안하게 배 타고 가서 기다릴게요. 혼자 수고스럽더라도 걸어오세요'라고 했겠습니까? 같이 배 타고 가자고 얼마나 말렸겠습니까! '선생님, 정 선생님이 걸어가신다면 그럼 우리도 같이 걸어가겠습니다.' 그렇게 하지 않았겠습니까?

"정하여 준 것"에서 '정하다'는 '디아타소'(διατάσσω), 명령한다는 말입니다. 얼마나 이 누가와 동역자들이 바울을 만류했는지 바울이 명령을 했습니다. 사도행전에서 바울이 자기 동역자에게 명령했다는 단어는 여기 한 번 나옵니다. '두말하지 마. 나혼자 걸어갈 테니까 여러분들은 배 타고 가.'

그 명령에 압도당해서 지금 다른 사람들은 배를 타고 앗소에가서 바울이 오기까지 기다리는 것입니다. 이 드로아에서 앗소까지 거리가 얼마입니까? 책마다 거리가 다르게 표기되어 있습니다. 어떤 책은 30킬로미터, 어떤 책은 40킬로미터 이런 식입니다. 저는 드로아에서 바울이 걸어갔던 앗소까지의 정확한 거리가 얼마인지 알고 싶었습니다. 2001년도에 터키에 갔을 때 자동차를 대절해서 드로아에서 앗소까지의 거리를 측정했습니다. 65킬로미터였습니다.

여러분, 30킬로미터라고 하면 인생 말년의 바울이 새벽에 일어나서 밤 12시까지 쉬지 않고 계속 걸었다면 하루 만에 혹 도착할 수도 있는 거리입니다. 40킬로미터라면 이틀이 걸립니다. 하룻밤을 노숙해야 됩니다. 65킬로미터라면 최소한 사흘 길입니다. 바울은 이틀 노숙했습니다. 가다가 밤이 되면 길옆에 누워서 하늘을 봅니다. 해가 뜨면 또 걷습니다.

왜 걸었겠습니까? 주님과 독대하기 위함인 것입니다. 주님을바라보는 것입니다. '주님, 각 성에서 주님께서 나더러 예루살렘에 가면 결박당하고 환난당한다고 예고해 주시는데 이 말씀이 나더러 예루살렘에 가지 말라는 말씀입니까? 아니면 가라는 말씀입니까?' 그 길을 걷고 아나블레포 주님을 바라보고 또 걷고 주님께 물으면서 바울이 답을 얻는 것입니다. '주님, 주님께서 나를 부르신 것은 내 일신의 안위를 위함이 아닌 줄 제가 압니다. 주님께서 내가 예루살렘에 가면 결박과 환난이 기다린다 하시는데 주님을 위해서라면 나 죽어도 좋습니다. 가겠습니다. 주님.'

이 65킬로미터를 걸으면서 그 결심을 하고 밀레도에 와서 "하나님의 은혜의 복음을 증거하는 일을 마치려 함에는 나의 생명조차 조금도 귀한 것으로 여기지 아니하노라"라고 하고는 잡힐 것을 뻔히 알면서 예루살렘에 가서 잡혔습니다. 거기서 잡혀서 가이사랴로 연행되어서 2년 동안 옥살이했습니다. 그리고 황제에게 상소한 죄수로 로마로 압송되어서 있다가 참수형을 당해 죽었습니다. 그 모든 것이 바울에게는 일상이었습니다. 그 일상의 소명의 삶이 성경이 되었고 그 일상의 삶에 의해 로마제국이 뒤집어진 것입니다.

천국에서는 극히 작은 자라도

세례 요한의 경우를 말씀드리겠습니다. 세례 요한의 소명은 광야에서 주님의 길을 예비하는 것입니다. 그는 그 소명에 충실했습니다. 그는 예루살렘 좋은 방에서 좋은 옷을 입고 따뜻하게 생활하지 않았습니다. 그는 광야에서 누구도 그를 섬겨 주는 사람이 없어서 낙타 짐승 털옷을 입고 가죽 띠를 띠고 광야의 소리로 하나님의 말씀, 주님 오시는 길을 예비했습니다. 광야의 소리라는 말이 무엇이겠습니까? 듣기 좋은 감미료를 칠하지 않은 하나님의 말씀 그대로라는 것입니다. 그 광야의 소리로 주님의 오시는 길을 예비했습니다. 요한복음 1장 29절입니다.

—— 이튿날 요한이 예수께서 자기에게 나아오심을 보고 이르되 보라 세상 죄를 지고 가는 하나님의 어린 양이로다(요 1:29)

예수님께서 나오시는데 '애들아, 저분이 세상 죄를 지고 가는 하나님의 어린 양이시다'라고 합니다. 하나님의 어린 양은 메시아를 가리키는 히브리식 표현법입니다. 이 세상에서 제일 먼저 예수님을 가리켜서 메시아라고 선포한 사람이 세례 요한입니다. 요한복음 1장 32절에서 34절입니다.

—— 요한이 또 증언하여 이르되 내가 보매 성령이 비둘기 같이 하늘로부터 내려와서 그의 위에 머물렀더라 나도 그를 알지 못하였으나 나를 보내어 물로 세례를 베풀라 하신 그이가 나에게 말씀하시되 성령이 내려서 누구 위에든지 머무는 것을 보거든 그가 곧 성령으로 세례를 베푸는

이인 줄 알라 하셨기에 내가 보고 그가 하나님의 아들이심을 증언하였노

라 하니라(요 1:32-34)

주님께서 세례 요한에게 일찍이 말씀하셨습니다. '누구든지 네 앞에 출현하는 사람 가운데에 그 위에 성령이 임하시는 사람이 보이거든 그가 내가 보낸 메시아인 줄 알라.' 세례 요한은 아나블레포 주님을 보는 눈도 갖고 있었습니다. 요단강에서 사람들에게 세례를 베푸는데 자기가 메시아라고 선포한 그 예수님이 세례를 받으러 오셨습니다. 마태복음 3장 14절입니다.

—— 요한이 말려 이르되 내가 당신에게서 세례를 받아야 할 터인데 당신이 내게로 오시나이까(마 3:14)

예수님께서는 당신의 뜻을 위해서 세례를 받으러 오시는데 요한에게는 자기 의견이 있었습니다. '주님, 세례를 받아야 하면 내가 주님 앞에 무릎 꿇고 세례 받아야죠. 어떻게 주님이 나한테 세례를 받습니까?' 마태복음 3장 15절입니다.

—— 예수께서 대답하여 이르시되 이제 허락하라 우리가 이와 같이 하여 모든 의를 이루는 것이 합당하니라 하시니 이에 요한이 허락하는지라

(마 3:15)

주님께서 말씀하십니다. '아니야, 네가 나한테 세례 베풀어 줘야 돼. 우리가 이렇게 해서 모든 의를 이루는 것이 합당해. 내가 메시아이지만 인간인 네 발 앞에 무릎을 꿇음으로 내가 인간을 위해서 십자가에 못 박히는 하나님의 의를 이루는 거야. 내 머리에 손 얹고 세례를 베풀어.' 그랬더니 세례 요한은 자기 의견이 있음에도 불구하고 주님의 그 부르심에 순종했습니다. 세례를 베풀었습니다. 이처럼 세례 요한도 일상이 소명이었던 사람입니다. 그런데 이 이후에 요한의 삶이 바뀝니다. 당시 분봉왕 헤롯 안티파스가 자기 동생의 아내를 빼앗았습니다. 그래서 자기 아내로 삼았습니다. 그 불의를 견디지 못한 세례 요한이 공개적으로 헤롯 안티파스를 비판했습니다. 그랬더니 격노한 헤롯 안티파스가 세례 요한을 투옥시켰습니다.

세례 요한이 감옥에 있는데 면회 온 자기 제자들이 지금 세례 요한에게 보고하는 것입니다. 메시아 예수가 어떤 일을 하는지 이야기해 주는 것입니다. 앉은뱅이가 일어나고, 눈먼 자가 보고, 온갖 이적이 일어나고, 그분이 하나님 나라를 선포합니다. 그 말을 듣고 세례 요한이 어떻게 했습니까? 마태복음 11장 2절, 3절입니다.

—— **요한이 옥에서 그리스도께서 하신 일을 듣고 제자들을 보내어 예수께 여짜오되 오실 그이가 당신이오니이까 우리가 다른 이를 기다리오**

리이까(마 11:2-3)

세례 요한에게 더 이상 예수가 메시아가 아닙니다. 세례 요한이 예수님에게 물을 때 '예수께 여짜오되 오실 그이가 당신이 오니이까' 이렇게만 물었더라도 '아니, 예수님. 내가 당신 길 예비해 줬는데, 내가 지금 이렇게 감옥에 갇혀 있는데 당신 밖에서 온갖 이적 다 베풀면서 왜 나 안 빼줘요?' 이런 불평으로 이해할 수 있습니다.

그다음 구절이 문제입니다. "우리가 다른 이를 기다리오리이까?" '내가 사람 잘못 보고 당신을 메시아라고 선포한 거죠? 당신 아니죠?' 일상의 소명의 삶을 살던 세례 요한이 지금 뭘 못합니까? 그를 감옥으로 부르신 주님의 부르심에 순종을 못합니다. 여러분, 하나님의 뜻은 내 집 따뜻한 안방에서만 이루어지는 것이 아닙니다. 하나님께서 때로 우리를 감옥으로 부르시면 그 부르심에 순종하는 것이 일상의 소명의 삶입니다.

헤롯 안티파스가 이두메인 이방인의 피를 갖고 유대인의 분봉왕이 됩니다. 그는 항상 유대인이 폭동을 일으킬 것이 두려웠습니다. 그래서 유대인의 환심을 사기 위해서 유대인들이 배교자로 여기는 야고보 사도 목을 쳤더니 유대인들이 굉장히 좋아합니다. 내친김에 더 큰 인심을 쓰기 위해서 베드로 사도의 목을 치려고 베드로를 감옥에 넣었습니다. 사도행전 12장 보면 베드로가 참수형을 당하기 전날 밤입니다. 분봉왕 헤롯이 네 명씩 군사 네 조, 열여섯 명으로 하여금 베드로 한 죄수를 지키게 했습니다. 감옥에서 베드로가 팔을 벌리고 있는데 두 군사가 베드로와 자기 두 팔에 쇠사슬로 연결을 했습니다. 이제 날만 새면 꼼짝없이 죽는 것입니다. 그런데 베드로가 무엇을 했습니까? 쿨쿨 잤습니다. 얼마나 심하게 잤는지 주님께서 보내신 사자가 그를 깨워도 잠을 안 깼습니다. 옆구리를 쳤습니다. 주의 사자를 따라 나가면서도 꿈인 줄 알았습니다. 무슨 말입니까? 베드로는 감옥으로 부르시는 주님의 부르심에 순종했던 것입니다. 참수형을 당하기 전날 밤에도 평안하게 잘 수 있었습니다.

바울이 빌립보에서 귀신을 쫓아내 주었다가 그 여인을 고용해서 돈을 벌던 사람들의 모함을 받고 매 맞고 감옥에 갇히지 않습니까? 그날 밤에 찬양했습니다. 하나님 원망하지 않았습니다. 하나님께서 옥문을 열어 주시지 않았습니까? 그러면 얼른 도망 나가야 합니다. 바울은 도망 안 나갔습니다. 주님께서 나를 이 감옥에 있게 하셨으면 있게 하신 주님의 뜻이 있으리라 믿고 감옥 문이 열렸는데도 그대로 앉아 있었습니다. 한밤에 간수가 자다가 눈을 뜨니까 감옥문이 다 열려 있었습니다. 으레 죄수가 도망갔다고 생각하고 칼을 뽑아서 자결하려고 했습니다. 죄수를 놓치면 사형이었습니다. 그때 바울이 방 안에서 이야기합니다. '형제여, 나 여기 있으니까 자살하지 말게.' 그 간수가 깜짝 놀랐습니다. 범인(凡人)은 할 수 없는 일입니다. 불을 들고 감옥으로, 감방 안으로 들어가니까 문이 열려 있는데 진짜로 죄수가 그대로 앉아 있습니다. 그 앞에 큰절을 드리면서 '선생님 우리가 어떻게 해야 구원을 얻습니까?'라고 물었습니다. 바울도 억울하게 옥에 들어갔지만 옥으로 부르시는 주님의 부르심에 순종했습니다.

세례 요한은 그것을 못했습니다. '내가 당신을 메시아라고 선포했는데 지금 보니까 당신 아닌 것 아니오?' 예수님의 말씀 마태복음 11장 11절입니다.

—— 내가 진실로 너희에게 말하노니 여자가 낳은 자 중에 세례 요한보다 큰 이가 일어남이 없도다 그러나 천국에서는 극히 작은 자라도 그보다 크니라(마 11:11)

주님께서 세례 요한을 완전히 부정하시지 않았습니다. '너 지옥 가' 그러지 않았습니다. '여자가 낳은 사람 중에 세례 요한이 제일 크다' 하셨습니다. 왜입니까? 메시아를 처음 알아본 사람이기 때문입니다. 그러나 천국에서는 제일 작습니다. 왜입니까? 천국은 일상의 소명의 삶을 사는 사람들의 것이기 때문입니다.

새벽에 읽은 처의 일기장

저와 제 처의 이야기를 하는 것을 양해해 주시기 바랍니다. 지난 설교에서 잠시 말씀드렸습니다만은 저는 정말 허랑방탕했습니다. 아마도 제 처는 제가 믿음 좋은 집사라고 생각하고 결혼했을 것입니다. 매일 술독에 빠져 살았습니다. 매일 술 취해서 늦게 들어왔습니다. 그러다가 어쩌다가 빨리 들어가면, 여기도 그런 경험 있는 남자분들 계시겠지만, 누구하고 들어갑니까? 술친구들 데리고 가는 것입니다. 제 처는 대학에서 성악을 전공했습니다. 술집에서 술을 먹다가 괜히 객기를 한 번씩 부리고 싶으면 제 처를 술집으로 오게 해서 노래를 시켰습니다. 그런데도 저한테 한 번도 싫은 내색을 한 적이 없습니다. 저한테 단 한 번도 거부한 적이 없습니다. 그래서 저는 '아, 제 처는 본래 하나님께서 저런 성품을 내려주셔서 저렇게 매사에 그저 착하게 사는가 보다' 그리고 감사했습니다.

1984년 8월 2일 새벽 2시에 그날도 제가 꼭지가 돌도록 술을 먹고 아파트로 들어가는데 그날 우연히 제가 제 주머니에 손을 넣었습니다. 주머니에 손을 넣었는데 저희 집 아파트 열쇠가 손에 잡힌 것입니다. 저는 술을 먹고 아무리 늦게 집에 들어가도 꼭 벨을 눌렀습니다. 왜냐하면 제가 벨을 눌러야 제 처가 깨서 저녁 밥상을 차려 주기 때문입니다. 저는 술집에서 아무리 안주를 많이 먹어도 밥 배가 따로 있었습니다. 그래서 집에 가서 밥을 먹지 않으면 배가 고파서 잠이 안 왔습니다. 그래서 늘 새벽 1시든, 2시든 벨을 눌렀습니다. 그런데 우연히 주머니에 아파트 열쇠가 잡혀서 '왠지 오늘 내가 한번 열쇠를 열고 들어가 볼까?' 술 취한 김에 그런 생각이 들었습니다.

그래서 열쇠를 돌려서 문을 열고 들어갔습니다. 거실도 깜깜하고 어머니 방도 깜깜합니다. 저희 부부 방으로 들어갔더니 천정에 불은 다 꺼지고 방바닥에 조그만 스탠드가 켜져 있는데 제 처가 저를 기다리다가 엎드려서 잠이 들어 있었습니다. 그런데 머리맡에 노트가 하나 이렇게 펼쳐져 있는데 노트가 물이 흘러서 얼룩이 져 있었습니다. 저는 제 처하고 결혼한 지 오래됐습니다만은 지금도 제 처 서랍을 열어 보지 않습니다. 그런데 그날 왠지 제 처가 머리맡에 놓아둔, 얼룩이 져 있는 그 노트의 글이 뭔지 읽어야 될 것 같았습니다. 그래서 그 글을 읽었습니다.

제 처는 제가 그날 새벽에 그 글을 읽었다는 사실을 몰랐습니다. 그 이후로부터 6년이 지나서 제가 《믿음의 글들, 나의 고백》이라는 책을 쓰면서, 제 인생이 어떻게 주님께 사로잡혀서 바뀌어질 수 있었는지를 쓰면서 6년 전에 그 새벽에 읽었던 일기장 내용을 기억해서 다시 썼습니다. 그래서 처는 그 책을 보고 비로소 제가 어떤 계기로 주님께 사로잡히게 되었는지 알았던 것입니다. 그 내용이 이렇습니다.

나는 오늘도 버스를 타고 수유리 너머로 갔다. 시골길을 하염없이 걸으면서 오늘도 역시 어김없이 죽음을 생각했다. 약을 먹고 죽을까 아니면 손목을 그어 죽을까……. 그러나 그것은 내가 취할 길이 아님을 나는 다시 한 번 더 확인하고 되돌아왔다. 나를 살리기 위해 십자가에서 돌아가신 주님께서 주님의 뜻을 위해 내게 주신 남편이므로 나는 사랑해야만 한다. 나는 할 수 없지만 주님께서 사랑하라 명령하심으로 나는 사랑해야만 한다.

'주님! 도와주세요. 나의 약함을 주님께서 잘 아시잖아요.'

이 글을 읽는데 제 마음과 귀에서 북소리가 퐁퐁 울렸습니다. 제가 이 세상에 태어나서 그렇게 큰 북소리를 들어본 적이 없습니다. 저는 모태 신앙인으로 태어나서 교회에 다니면서 목사님의 설교를 통해, 성경을 통해 사랑이라는 이야기를 수없이 들었지만 그 사랑은 성경의 문자로만 기록되어 있는 것으로 보았습니다. 그 사랑을 실천하는 사람을 저는 그동안 본 적이 없기 때문입니다. 그런데 제 처는 천사가 아니었습니다. 매일 죽음을 생각하는 사람이었습니다. 그런데 주님 때문에 내 곁에서 나를 사랑한다고 하는 사실을 깨닫는 순간에 주님의 아가펜 프로텐이 저를 사로잡았습니다.

그 순간에 제 인생이 달라졌습니다. 그때는 몰랐지만 세월이 흐른 뒤에 제 아내의 이 글을 다시 볼 때, 제 아내에게 자기 견해가 있었습니다. 이런 남편하고 도저히 살 수 없다는 자기 생각이 있었습니다. 그런데 그 아내에게는 주님을 보는 눈이 있었습니다. '주님이 당신의 뜻을 위해서 나한테 주신 남편이다. 그러므로 사랑해야 한다.' 그 주님의 부르심에 순종하는 일상을 살았습니다. 그 부르심에 순종하는 일상, 그 소명의 삶이 허랑방탕하던 남편의 인생을 바꿨습니다.

여러분, 제 자랑이 아닙니다. 저 아프리카에 가도 남미에 가도 크리스천들의 집에 가면 제 책이 한두 권 있는 것을 발견합니다. 지구 반대편입니다. 제가 암에 걸리고 건강이 나빠진 다음에는 집회를 할 때 제 처가 저를 위해서 따라오지만 이전에는 해외 집회를 가도 저 혼자 다녔습니다. 제 처는 저하고 결혼해서 이촌동에 잠시 살다가 33년 동안 합정동에서 살면서 합정동을 떠나 본 적이 없습니다. 그러나 그가 주님을 바라보는 눈을 갖고 주님의 부르심에 매일 순종하는 소명의 삶을 살고 그로 인해서 남편이 바뀌었을 때 그 소명의 삶이 지구 반대편에 있는 누구에겐가 영향을 미칩니다. 여러분, 이것이 주님의 신비로운 구원의 역사입니다. 우리 주님은 시간과 공간을 초월하기 때문입니다.

주님께서 우리에게 명령하십니다. '땅 끝까지 이르러 내 증인이 되라.' 사람들은 땅 끝을 지리적으로 먼 곳으로만 생각합니다. 그것은 주님을 갈릴레오 이전의 주님으로 생각하는 것입니다. 하나님은 천지를 지으신 분이십니다. 하나님은 이 세상을 평면

이 아니라 둥근 구로 만드셨습니다. 내가 오늘 이 자리에 서서 어느 방향이든 한쪽 방향을 향해서 땅 끝을 향해 계속 나아가면 지구를 한 바퀴 돌아서 다시 원위치로 돌아옵니다. 여러분, 땅 끝은 지구 반대편이 아닙니다. 만약에 우리가 저 아프리카 르완 다를 지구 반대편이라고 생각하고 다 그리로 가야 된다면 아프 리카 르완다 그리스도인들은 다 짐 싸들고 이리로 와야 되지 않 겠습니까?

땅 끝은 내가 지금 두 발 딛고 있는 이 현장입니다. 이곳이 땅 끝의 출발점인 동시에 종착점입니다. 아내는 저를 땅 끝으로 생각했습니다. 아내는 저를 선교지로 생각했습니다. 그래서 죽 음을 생각하면서도 주님의 부르심에 순종해서 일상의 소명의 삶 을 살았습니다. 그 결과 변화된 남편을 통해서 땅 끝에 있는 누 군가에게도 생명의 복음이 전해지는 결과를 얻게 되었습니다.

부르심, 두 눈, 일상

처음 질문으로 되돌아가십시다. 여러분, 오늘 밤에 왜 오셨습 니까? 주님이 부르셨기 때문입니다. 주님의 부르심에 응답하기 위함입니다. 주님의 부르심에 응답하는 삶을 체화하기 위함입 니다.

두 번째 질문입니다. 여러분의 인생 시간 그냥 갉아먹고 있는 것 아닙니까? 계속 그렇게 사시겠습니까? 어떻게 살아야 합니까? 골로새서 3장 1절에서 3절입니다.

—— 그러므로 너희가 그리스도와 함께 다시 살리심을 받았으면 위의 것을 찾으라 거기는 그리스도께서 하나님 우편에 앉아 계시느니라 위의 것을 생각하고 땅의 것을 생각하지 말라 이는 너희가 죽었고 너희 생명이 그리스도와 함께 하나님 안에 감추어졌음이라(골 3:1-3)

'아나블레포.' 지금부터 위를 보는 눈의 시력을 키워야 합니다. 그래서 두 눈들의 사람으로 살아야 합니다. 다윗이 19편 8절에서 '여호와의 계명은 순결해서 내 눈을 밝게 해주십니다'라고 했습니다. '내 눈을 밝게 해주십니다'라고 했는데 그대로 하면 다윗이 애꾸눈이 됩니다. 히브리말로 '애나임'이라고 기록되어 있습니다. 내 '눈들'입니다. 영어로도 마찬가지 아닙니까? 'I have an eye'라고 하면 그 사람 외눈박이입니다. 미국 사람들은 'I have two eyes'라고 합니다. 우리나라 말은 단수, 복수 구별이 없습니다. 두 '눈들'을 가지고도 자기는 '눈' 가졌다고 합니다. 이제부터 여러분들은 눈이 아니라 눈들을 가졌다는 것을 잊지 마십시오. 한 눈으로는 세상을 보면서 한 눈으로는 주님께 고정된 눈, 그 두 눈들을 가질 때부터 여러분의 인생이 달라집니다.

마지막으로 여러분에게 소명, 소명의 삶은 무엇입니까? 목사 되고 전도사 되는 것입니까? 아닙니다. 일상의 부르심에 순종하는 일상의 삶이 여러분에게 소명이 되어야 합니다. 우리가 일상의 부르심에 순종하는 삶을 살기만 하면 우리가 어디에 있든지 그곳이 땅 끝이고, 우리로 인해서 지리적으로 반대편의 땅 끝까지 새로워질 수 있습니다. 왜인지 아십니까? 우리가 믿는 주님은 시간과 공간을 초월하시기 때문입니다. 기도하시겠습니다.

오늘 이 밤, 우리의 눈에서 비늘이 벗겨지는 밤이 되게 해주십시오. 오늘 이 밤이 아나블레포, 위를 향해 바라보는 또 한 눈을 얻는 밤이 되게 해주십시오. 주님을 바라보면서 주님의 부르심에 순종하는 일상의 삶이 소명의 삶이 되게 하여 주시옵소서. 비록 우리가 이곳에서 산다 할지라도 우리가 소명의 삶을 살아 냄으로 인해 지구 반대편 어느 곳인가 누군가 변화되는 역사를 우리가 이 세상을 떠난 뒤에 하나님의 나라에서 확인하는 기쁨을 누리게 하여 주시옵소서. 예수님의 이름으로 기도드립니다. 아멘.

말씀, 그리고 사색과 결단 2
새로운 삶, 성숙한 삶, 소명의 삶에 대하여

Words, Contemplation and Decision Ⅱ

지은이 이재철
펴낸곳 주식회사 홍성사
펴낸이 정애주
국효숙 김의연 박혜란 손상범
송민규 오민택 임영주 차길환

2021. 1. 29. 초판 발행 2024. 9. 19. 4쇄 발행

등록번호 제1-499호 1977. 8. 1.
주소 (04084) 서울시 마포구 양화진4길 3 **전화** 02) 333-5161 **팩스** 02) 333-5165
홈페이지 hongsungsa.com **이메일** hsbooks@hongsungsa.com
페이스북 facebook.com/hongsungsa
양화진책방 02) 333-5161

ISBN 978-89-365-0373-4 (04230)
ISBN 978-89-365-0559-2 (세트)